Kurze lateinische Sprachlehre

Peter Helms

Volk und Wissen Verlag GmbH
Berlin 1991

Inhaltsverzeichnis

Abkürzungsverzeichnis 5

Lautlehre 7

Schrift, Betonung, Aussprache
und Silbenarten 7
  Schrift und Aussprache 7
  Betonung und Silbenarten . . 8
Lautwandel 9
  Allgemeines 9
  Vokale 9
  Konsonanten 11

Formenlehre 13

Allgemeines 13
Nomen 14
  Allgemeines zur Deklination . 14
  Substantiv 15
    1. Deklination 15
    2. Deklination 16
    3. Deklination 17
    4. Deklination 20
    5. Deklination 21
  Adjektiv und adjektivische in-
  finite Verbformen 21
    Deklination der Adjektive . 21
    Komparation der Adjektive 24
  Bildung von Adverbien aus
  Adjektiven 26
  Pronomen 27
    Allgemeines 27
    Personalpronomen 27
    Reflexivpronomen 28

Possessivpronomen 28
Demonstrativpronomen . . 29
Relativpronomen 30
Interrogativpronomen . . . 31
Indefinitpronomen 31
Numerale 32
Verb 35
Allgemeines zur Konjugation 35
Die drei Tempusstämme . . . 36
  Präsensstamm 36
  Perfekt-Aktiv-Stamm . . . 37
  Perfekt-Passiv-Stamm . . . 38
  Stammformen und Tem-
  pusstämme 39
Die Bildung der finiten Verb-
formen 40
  Tempus- und Modussuffixe 40
  Personalendungen 41
Die Bildung der infiniten
Verbformen 42
  Infinitive 42
  Partizipien 42
  nd-Formen 43
  Supinum 43
Paradigmen 44
Deponentien und Semidepo-
nentien 50
Unregelmäßige Verben 53
  sum 53
  prōsum, possum 55
  ferō 56
  volō, nōlō, mālō 57
  fīō 58
  eō 59

Wortbildungslehre 61

Allgemeines 61
Wortbildung mit Präfixen 61
Wortbildung mit Suffixen 63
Wortbildung durch Zusammensetzung 65

Satzlehre 66

Prädikat und Subjekt 66
  Prädikat 66
  Subjekt 70
Nomen 71
  Besonderheiten bei der Übersetzung der Kasus 71
    Nominativ 71
    Genitiv 72
    Dativ 76
    Akkusativ 78
    Ablativ 80
  Besonderheiten lateinischer Lokalbestimmungen 86
  Besonderheiten bei der Übersetzung lateinischer Substantive und Adjektive 87
    Zweitstellung lateinischer Attribute 87
    Substantivierte Adjektive im Neutrum Plural 87
    Wiedergabe adjektivischer Attribute 87
    Komparationsformen der Adjektive 88
    Prädikativum 88
  Besonderheiten bei der Übersetzung lateinischer Pronomen 90
    Personalpronomen 90
    Reflexivpronomen 90
    Possessivpronomen 91
    Relativpronomen 92

Verb 93
Besonderheiten bei der Übersetzung finiter Verbformen . . . 93
  Genera verbī 93
  Tempora 94
    in Hauptsätzen 94
    in Nebensätzen 95
  Modi 96
    Indikativ und Imperativ . . 96
    Konjunktiv 97
      in Hauptsätzen 97
      in Nebensätzen 99
  Zusammenfassung lateinischer Konjunktionen mit besonderem Tempus- und Modusgebrauch 101
Besonderheiten bei der Übersetzung infiniter Verbformen . . 102
  Infinitiv 102
  Akkusativ mit Infinitiv 102
  Nominativ mit Infinitiv 103
  Partizip 104
  Partizipialkonstruktionen . . 105
    Partizip als Attribut und als Prädikativum 106
    Ablativ mit Prädikativum . 106
    Zusätzliche Hinweise zur Übersetzung der lateinischen Partizipialkonstruktionen 108
  nd-Formen 109
  Supinum 112
Indirekte Rede 112
Zusammenfassende Hinweise für das Übersetzen aus dem Lateinischen 113

Zur Metrik 115

Anhang

Alphabetische Liste unregelmäßiger Perfektstammformen . 118
Wort- und Sachverzeichnis . . . 123

Abkürzungsverzeichnis

D	Übersetzungshinweis
<	entstanden aus
>	geworden zu
↗	Verweis auf Leitzahl am Seitenrand
Ø	Nullmorphem (↗ 12)
/	oder (= Variante)

Abl.	Ablativ	kons.	konsonantisch
A.c.I.	Akkusativ mit Infinitiv	L	Lautregel (↗ 8, 9)
Adj.	Adjektiv	lat.	lateinisch
adj.	adjektivisch	Lok.	Lokativ
Adv.	Adverb	m	Maskulinum
Akk.	Akkusativ	n	Neutrum
Akt.	Aktiv	N.c.I.	Nominativ mit Infinitiv
Anm.	Anmerkung	Nom.	Nominativ
Dat.	Dativ	Part.	Partizip
Dekl.	Deklination	Pass.	Passiv
dt.	deutsch	Perf.	Perfekt
engl.	englisch	Pers.	Person
f	Femininum	Pl.	Plural
Fut.	Futur	Plqpf.	Plusquamperfekt
Gen.	Genitiv	Präd.	Prädikat
gr.	griechisch	Präp.	Präposition
Imp.	Imperativ	Präs.	Präsens
Impf.	Imperfekt	Pron.	Pronomen
Ind.	Indikativ	russ.	russisch
indoeur.	indoeuropäisch	Sing.	Singular
Inf.	Infinitiv	Subj.	Subjekt
intrans.	intransitiv	subst.	substantivisch
ital.	italienisch	trans.	transitiv
Komp.	Komparativ	Vok.	Vokativ
Konj.	Konjunktion		

Lautlehre

Schrift, Aussprache, Betonung und Silbenarten

Schrift und Aussprache

1 Die lateinische **Schrift**, die auch Grundlage unseres Alphabets ist, umfaßte zunächst nur Großbuchstaben:
A B C D E F G H I K L M N O P Q R S T V X
(Y und Z kamen erst in augusteischer Zeit hinzu).
V bezeichnete sowohl den Vokal u als auch den Halbvokal v (= w); das Zeichen U kam erst im Mittelalter auf.
Aus den Großbuchstaben entwickelten sich seit dem 4. Jh. u. Z. die Kleinbuchstaben.
Heute werden in lateinischen Texten mit großen Anfangsbuchstaben geschrieben
– das erste Wort eines Satzes;
– Eigennamen und deren Ableitungen, z. B. Latium (ital. Landschaft), Latinus *lat(e)inisch* (Adj.), Latīnē *lateinisch* (Adv.).

2 Hinsichtlich der **Aussprache** haben die lateinischen Buchstaben im allgemeinen den Lautwert der entsprechenden deutschen.

3 **Vokale** sind entweder **lang oder kurz** auszusprechen.
In Lehr- und Wörterbüchern wird ihre Länge durch darübergesetztes ¯ bezeichnet, während die Kürze normalerweise unbezeichnet bleibt: sōlum *nur*, solum *Boden*.
Zur Hervorhebung der Kürze dient das Zeichen ˘: sŏlum.
Diphthonge (im wesentlichen au, eu, ae, oe) sind **immer lang**, so daß eine Längebezeichnung überflüssig ist. Ae und oe, ursprünglich echte Doppellaute (vgl. dt. Lehnwort Kaiser < Caesar), sprechen wir oft mit den Lautwerten einer späteren Entwicklungsstufe: ä, ö.
ei und ie sind keine Diphthonge, sie werden als deutlich getrennte Laute gesprochen:
me-īs parentibus *meinen Eltern*, i-ērunt *sie sind gegangen*, di-ēs *Tag*.
U wird wie w ausgesprochen in den Verbindungen ngu vor Vokalen, z. B. lingua *Sprache*, und su in Wörtern wie suāvis *süß*, suādeō *raten*, (as-,cōn-)suēscō *gewöhnen*, Suēbī *Sueben*.

8   Lautlehre

4 Konsonanten

Die Einteilung der Konsonanten erfolgt

nach der	nach der Artikulationsart					
	Verschlußlaute (mutae)			Dauerlaute		
Artikulationsstelle	stimm-haft	stimm-los	be-haucht	Spiranten (Reibel.)	Nasale (Nasenl.)	Liquidae (Fließl.)
Gutturale (Gaumenlaute)	g	c,k,q	ch	i(= j)		
Dentale (Zahnlaute)	d	t	th	s	n	l,r
Labiale (Lippenlaute)	b	p	ph	f,v	m	

Doppelkonsonanten:
x = ks < c/g/h(< gh) + s: vōx < vōc-s, lēx < lēg-s, rēxī < rēg-sī, trāxī zu trahō;
z = ds
Der Hauchlaut h wurde schwächer artikuliert als im Deutschen, so daß er in den romanischen Sprachen gänzlich verstummt ist (vgl. ital. ora < lat. hōra).
C wurde bis in die Spätantike auch vor den hellen Vokalen und Diphthongen e i y ae oe als k gesprochen (vgl. das Lehnwort Kiste), ebenso **ti vor Vokal** mit seinem ursprünglichen Lautwert (t in nātiō *Volk* also wie t, nicht wie z in dt. Nation).
V wird wie dt. w ausgesprochen (also wie in dem Lehnwort Villa).
I hat den Lautwert j im Anlaut vor Vokalen (z. B. in iam *schon*) und im Inlaut vor Vokalen (z. B. in plēbēius *Plebejer*); jedoch wird ii (= ji) orthographisch oft zu i vereinfacht (z. B. Nom.Pl. plēbēī = plēbējī; stets bei iaciō mit Präfixen, z. B. obiciō = objiciō).

5 Betonung und Silbenarten

1. Zweisilbige Wörter werden auf der vorletzten Silbe betont:
   Rṓma *Rom*, dṓmus *Haus*
2. Drei- und mehrsilbige Wörter werden auf der vorletzten Silbe betont, wenn diese lang ist, auf der drittletzten, wenn die vorletzte kurz ist:
   amī́cus *Freund*, pópŭlus *Volk*

Eine Silbe ist lang,
1. wenn sie einen langen Vokal oder Diphthong enthält (Naturlänge):
amī́cus *Freund*, amoénus *angenehm;*

Lautwandel 9

2. wenn auf einen kurzen Vokal zwei oder mehr Konsonanten (bzw. ein Doppelkonsonant) folgen (Positionslänge):
contén-tus *zufrieden,* cōnspéxī *ich erblickte* (vgl. aber ↗ **6**).

6 Offene und geschlossene Silben
Im Falle von contentus, cōnspexī (< cōnspec-sī, ↗ **4**) usw. spricht man von geschlossenen Silben, weil der erste Konsonant der Konsonantengruppe die Silbe „schließt". Keine geschlossene Silbe (und damit keine Länge) bewirkt Muta cum Liquida (↗ **4**), z. B. in é-mi-grō *ich wandere aus,* weil bei dieser Kombination beide Konsonanten zur folgenden Silbe gehören, die davor liegende also auf einen Vokal ausgeht und damit offen ist. Eine offene Silbe liegt natürlich auch vor, wenn ihrem Vokal ein einfacher Konsonant oder ein weiterer Vokal folgt, z. B. me-rī-di-ē-ī *des Mittags* (nur offene Silben).

Lautwandel

7 Allgemeines

Während der Entwicklung der lateinischen Sprache erfuhren viele Laute Veränderungen (Lautwandel). Ihre Kenntnis vermag scheinbare Unregelmäßigkeiten in Flexion und Wortbildung zu erklären und dadurch das Lernen zu erleichtern. Da die lautlichen Veränderungen mit großer Regelmäßigkeit vor sich gehen, lassen sie sich in Lautregeln (= L) darstellen.
(Erschlossene Wortformen werden im folgenden nicht besonders gekennzeichnet.)

8 Vokale

Ablaut: Aus dem Indoeuropäischen ererbter Vokalwechsel (vgl. dt. binden – band – gebunden, russ. везти – воз: fahren – Fuhre)

L 1 **Qualitativer Ablaut** (zwischen Vokalen verschiedener Qualität):
tegō – toga, genos (> genus, ↗ L6) – genes-is (> gener-is, ↗ L14), capiō – cēpī (gleichzeitig L2)

L 2 **Quantitativer Ablaut** (zwischen Vokalen verschiedener Quantität); der kurze Vokal (der Normalstufe) kann gedehnt werden (Dehnstufe) oder schwinden (Schwundstufe):
pĕdis – pēs, tĕgō – tēgula, rĕgō – rēx, vŏcō – vōx, homŏnis (> hominis, ↗ L4) – homōn (> homō, ↗ L23), lĕgō – lēgī, fŏdiō – fōdī; pater – patris, es-t – s-unt, ed-ō – d-ēns (eigentlich: *der Essende*)

Lautlehre

Vokalschwächung: Innerlateinischer Vokalwechsel: Durch ursprüngliche altlat. Erstsilbenbetonung erfolgte in unbetonten Silben eine Verengung der Artikulation, damit eine Entwicklung von offenen zu geschlossenen Vokalen (vgl. dt. Teil – Drittel und russ. die Reduktion). Die Rückführung der geschwächten Vokale auf die ursprünglichen ist wichtig für die Reduktion auf die Grundform und die Ermittlung des Grundwortes von Wörtern mit Präfixen.

L 3 ī,ū oft < ae,au: inīquus – aequus, cecīdī – caedō, acquīrō – quaerō; inclūdō – claudō.

L 4 In offenen (↗ 6) Mittelsilben ĭ < allen kurzen Vokalen: cecidī – cadō, perficiō – faciō, difficilis – facilis; colligō – legō, nōminis – nōmen, mīlitis – mīles; prohibeō – habeō; hominis < homonis, → Grundform homō (↗ L2), capitis – caput. ĕ vor r auch < ă,ĭ: reddere – dare, peperī – pariō, pulveris – pulvis.

L 5 In geschlossenen (↗ 6) Mittelsilben ĕ oft < ă: acceptus – capiō, perfectus – faciō, biennium – annus.

L 6 In geschlossenen (↗ 6) Endsilben ĕ oft < ă: prīnceps – capiō, artifex – faciō; ŭ vor s oft < ŏ: tempus – temporis, genus – gr. γένος, Endung des Nom.Sing. der 2. Dekl. -us – gr. -os.

Vokalkürzung: Lange Vokale werden gekürzt

L 7 oft vor Vokalen: monēre – monĕō, audīmus – audĭō, audĭunt.

L 8 in Schlußsilben vor Konsonanten außer s (in einsilbigen Wörtern nur vor -m, -t): dolōris – dolŏr, animālis – animăl; amāre,amās – amăt; dīcētis,dīcēs – dīcĕt (aber: sāl, pār u. a.);

L 9 vor nt und nd: amāre – amănt, amăntis, amăndus; monēre – monĕnt, monĕntis, monĕndus.

Vokaldehnung: Kurze Vokale werden gedehnt

L10 vor ns und nf: ĭn – īnscrībō, īnferō; ĭndoctus – īnsānus, īnfēlīx; cŏn (zu cŭm) – cōnscrībō,cōnferō; dĕnt-s > dēns; măneō – mānsī, mānsus.

L11 bei Schwund von s vor stimmhaften Konsonanten (als Ersatzdehnung): ĭs – īdem, dĭs – dīmittō.

Vokalkontraktion: Zusammenziehung von im Wort nebeneinander stehenden oder nur durch h (↗ 4) getrennten Vokalen zur Vermeidung von Sprechschwierigkeiten beim Aufeinandertreffen offener Artikulationen.

L12 iī(s)dem > ī(s)dem, cōgō < coagō, amō < amā-ō, amēs < amā-ēs, fīlī < fīlie, īstī < i-istī; nēmō < ne-hemō (= homō), nīl < nihil, dēbeō < dē-hibeō < dē-habeō, praebeō < prae-hibeō < prae-habeō.

Lautwandel   11

Vokalentfaltung zur Erleichterung der Aussprache:

L13 fabr- (Stamm der obliquen Kasus) > faber (Nom.Sing.), pulchr-, ācr-
     (Stämme der obliquen Kasus) > pulcher, ācer (Nom.Sing.m.).

9 Konsonanten

Rhotazismus (nach Rho, gr. Bezeichnung für r): r zwischen zwei Vokalen
oft < s, vgl. dt. frieren – Frost.

L14 mōris – mōs, iūra – iūs, pulveris – pulvis, tempore – tempus, er-at –
     es-t, amā-re – es-se; gerō – gessī, gestus.

Assimilation: Teilweise oder vollständige Angleichung eines Konsonanten an
den folgenden zur Erleichterung der Aussprache.
Teilweise Assimilation

L15 Angleichung von Nasalen (↗ 4) an die Artikulation des folgenden
     Verschlußlauts (↗ 4), d. h.: m vor Dental/Guttural (↗ 4) > n: eun-
     dem, eorundem; quendam; con < com (zu cum), z. B. contrahō;
     hum-c > hunc, n vor Labial (↗ 4) > m: in – impōnō, inaudītus – im-
     pūnītus.

L16 Stimmassimilation, z. B. g, h (< gh) vor t > c: rēctus < rēgtus, tractus
     – trahō; scrīpsī < scrībsī, scrīptus < scrībtus.

Vollständige Assimilation

L17 Beispiele mit dem Präfix ad: accurrō, afferō, aggredior, allātus, ap-
     portō, arripiō, assequor, attulī; quidquam > quicquam; vel-se(m) >
     velle(m); hod-c > hocc > hŏc (↗ L24).

L18 Dentale (↗ 4) d/t + s > ss, das im Auslaut stets, im Inlaut nach lan-
     gem Vokal, Diphthong und Konsonant zu s vereinfacht wird (daher
     gilt meist die Regel: Dental vor s schwindet): pot (= fähig) – sum >
     possum, ced-sī > cessī; pēd-s > pēs, lūd-sī > lūsī, claud-sī > clausī,
     sent-sī > sēnsī; dent-s > dēns.

L19 Dentale (↗ 4) d/t + t > tt >ss bzw. s (↗ L18): pat-tus > passus, ced-
     tus > cessus; lūd-tus > lūsus, claud-tus > clausus, sent-tus > sēnsus.

Konsonantenschwund

Im Anlaut

L20 g vor n: cognōscō – nōscō, ignōtus (↗ L22) – nōtus.

Im Wortinnern

     ss > s, ↗ L18/19.
     s, ↗ L11.
L21 m von com (zu cum) vor Vokalen: co-ēgī, co-āctus.

12 Lautlehre

L22 Vereinfachung von Konsonantengruppen: trādō < trānsdō, aspiciō < adspiciō, suscipiō < subs(= sub)cipiō, ostendō < obs(= ob)tendō, asportō < abs(= ab)portō, ignōtus < in-gnōtus.

Im Auslaut

L23 n schwindet im Auslaut des Nom.Sing. von Substantiven auf -ōn: nātiōnis – nātiō.

L24 Vereinfachung von Konsonantengruppen: pēs < pēss (↗ L18), hocc > hŏc (↗ L17), es (*du bist*) < es-s, os – oss-is, cor – cord-is, lac – lact-is, mel – mell-is.

Konsonantenentfaltung:

L25 Übergangslaut p zwischen m und s/t: sūmō – sūmpsī, sūmptus; emō – emptus.

Formenlehre

Allgemeines

10 Ein Wort kann aus nur einem bedeutungtragenden Bestandteil bestehen, z. B. sōl *Sonne.* Die meisten Wörter jedoch sind in kleinere solche bedeutungtragende Strukturelemente gegliedert, die man **Morpheme** nennt (daher sagt man statt Formenlehre auch Morphologie). So bestehen z. B. die Wörter rēctōres *(die Lenker)* und redūcēbās *(du führtest zurück)* aus den Morphemen rēc-tŏr-ēs und re-dūc-ēbā-s. Analysiert man die Morphemstruktur eines Wortes, so kann man aus den Teilbedeutungen der Morpheme oft die Gesamtbedeutung des Wortes erschließen.
Beachte: Die Morpheme können durch den Lautwandel Veränderungen erfahren (Morphemvarianten): rēc-tŏr, re-dūc-ēbā̰-m (↗ L8); reg/rig/ rēg/rēc (↗ L2, L4, L16)

11 Grundbestandteil eines Wortes ist das Wurzelmorphem oder die **Wurzel, Träger des lexikalischen Bedeutungskerns.** Die Wurzel ist Ausgangspunkt für die Ableitung neuer Wörter und begründet so die Wortfamilie, z. B. die Wurzel reg *gerade richten, lenken, leiten, herrschen* die folgende Wortfamilie:
rēx (rēg-s, ↗ 4) *Herrscher, König,* rēg-īna *Königin,* rēg-ulus *kleiner König, Königssohn,* rēg-ius *königlich,* rēg-ālis *königlich,* rēg-num *Königreich, Königsherrschaft,* rēg-nō *König sein, herrschen,* reg-ō *lenken, leiten, herrschen,* dī-rig-ō *gerade richten, hinlenken,* reg-iō *Richtung, Gegend,* rēc-tor *Lenker, Leiter,* rēc-tus *gerade, richtig* u. a.

12 **Die Wurzel kann** also durch weitere Morpheme **erweitert werden.** Man unterscheidet:

1. Nach ihrer Funktion:
– **Wortbildungsmorpheme,** die zur Wurzel hinzugefügte lexikalische Bedeutungen ausdrücken: rēc-**tōr**-ēs, **re**-dūc-ēbā-s.
– **Grammatische Morpheme,** meist Flexionsmorpheme, die zur Bildung grammatischer Formen in Deklination, Konjugation und Komparation dienen: rēc-tōr-**ēs,** re-dūc-ēbā-**s.**

2. Nach ihrer Stellung:
– **Präfixe,** der Wurzel vorangestellte Morpheme: **re**-dūc-ēbā-s (nur Wortbildungsmorpheme);

14   Formenlehre

– Suffixe, der Wurzel nachgestellte Morpheme: rēc-**tōr**-ēs, re-dūc-**ēbā**-s
(Wortbildungs- und grammatische Morpheme);
– Endungen, nach den Suffixen am Ende des Wortes: rēc-tōr-**ēs**, re-dūc-ēbā-**s**
(nur Flexionsmorpheme);
– Zu den Interfixen ↗ **71, 4.**
Beachte: Ein Morphem kann auch die Form Null (Symbol Ø) aufweisen, d. h.
sprachlich nicht ausgedrückt sein: vir(-Ø) *der Mann,* amā(-Ø)! *liebe!*

13 Durch die Abtrennung der Flexionsmorpheme erhält man den **Stamm** eines
Wortes. Der Stamm ist also der größte gemeinsame Teil des Flexionsparadig-
mas eines Wortes und bezeichnet dessen lexikalische Bedeutung: **rēc-tōr**-ēs,
re-dūc-ēbā-s.
Die Nomina haben meist nur einen Wortstamm (rēctŏr-), die Verben in der
Regel mehrere (redūc-, redūx-, reduct-).

Nomen

14 Allgemeines zur Deklination

1. Die Deklination beruht auf Endungen, die an den Wortstamm treten. Nach
der jeweiligen (dem Lektionsvokabular, dem Lehrbuchindex oder dem Wör-
terbuch zu entnehmenden) Endung des Gen.Sing. lassen sich die lat. Nomina
fünf Deklinationen zuordnen:

Gen.Sing. -ae = 1. Deklination,
　　　　　-ī   = 2. Deklination,
　　　　　-is = 3. Deklination,
　　　　　-ūs = 4. Deklination,
　　　　　-ěī = 5. Deklination.

Die Endungen dieser fünf Deklinationen werden jeweils in einem Endungs-
schema erfaßt.
Beachte: Die Pronomina (und Numeralia) haben teilweise besondere Endun-
gen (↗ **38, 49, 67).**
2. Bei allen Neutra ist (wie im Russischen) der Akk. gleich dem Nom., im
Nom./Akk. Pl. ist die Endung -a (bzw. lautet auf -a aus).
3. Der Abl.Plural ist in allen Deklinationen gleich dem Dat.Plural.
4. Der Vokativ als Kasus der Anrede ist gleich dem Nom.; nur die Wörter
der 2. Deklination mit der Nom.-Endung -us haben im Sing. die besondere
Endung -e (vgl. auch ↗ **21.3).**
5. Bei den Maskulina und Feminina aller Deklinationen lautet die Endung
des Akk.Sing. auf -m, die des Akk.Plural auf -s aus.

Nomen: Substantiv 15

Substantiv

1. Deklination

15 Kasusendungen

	Singular	Plural
Nom.	-a	-ae
Gen.	-ae	-ārum
Dat.	-ae	-īs
Akk.	-am	-ās
Abl.	-ā	-īs

16 Paradigma:
cūra, ae f. *(die/eine) Sorge*

	Singular			Plural		
Nom.	cūr-a	*(die/eine)*	*Sorge*	cūr-ae	*(die)*	*Sorgen*
Gen.	cūr-ae	*der/einer*	*Sorge*	cūr-ārum	*(der/von)*	*Sorgen*
Dat.	cūr-ae	*der/einer*	*Sorge*	cūr-īs	*(den)*	*Sorgen*
Akk.	cūr-am	*(die/eine)*	*Sorge*	cūr-ās	*(die)*	*Sorgen*
Abl.	cūr-ā	z. B.		cūr-īs	z. B.	
		durch (die/eine) Sorge			*durch (die) Sorgen*	
		mit (der/einer) Sorge			*mit (den) Sorgen*	
		weiteres ↗ **145–160**			weiteres ↗ **145–160**	

17 Zu Stamm und besonderen Formen
1. Sprachhistorisch (hinsichtlich ihrer Herleitung aus dem Indoeuropäischen)
betrachtet, sind die Wörter der 1. Deklination ursprünglich ā-Stämme; daher
findet man auch die Bezeichnung **ā-Deklination**.
2. Die alte Endung -ās des Gen.Sing. steht (neben der regelmäßigen) bei fami-
lia in Verbindung mit pater, māter, filius, filia,
z. B. pater familiās *Vater/Oberhaupt der Familie*.
3. Die Endung -ābus im Dat./Abl.Plural tritt auf u. a. bei dea und filia zur Un-
terscheidung von deus und filius, z. B. filiīs filiābusque *Söhnen und Töchtern*.
[D] 4. Die Endung -ae kann bei Namen von Orten und kleinen Inseln im Sing.
auch den Lokativ auf die Frage „wo" bezeichnen,
z. B.: Rōmae *in Rom*, Ilvae *auf Elba*.

18 Zum Genus
Die Wörter der 1. Deklination sind **Feminina** (grammatisches Genus) mit **Aus-
nahme** derer, die männliche Personen bezeichnen (natürliches Geschlecht),
z. B.: agricola *Bauer*, poēta *Dichter*, nauta *Seemann*.

2. Deklination

19 Kasusendungen

	Singular	Plural
Nom.	-us/-Ø[1]/n.-um	-ī/n.-a
Gen.	-ī	-ōrum
Dat.	-ō	-īs
Akk.	-um	-ōs/n.-a
Abl.	-ō	-īs
Vok.	-e[2]/= Nom.	= Nom.

[1] bei den meisten Stämmen auf -r (zum Symbol ↗ **12.2.**)

[2] nur bei den Wörtern mit der Endung -us (↗ **14.4.**)

20 Paradigmen:

servus, ī m. *Sklave;* puer, ī m. *Junge;* faber, fabrī m. *Handwerker;* verbum, ī n. *Wort*

	Singular			
Nom.	serv-us	puer	faber[1]	verb-um
Gen.	serv-ī	puer-ī	fabr-ī	verb-ī
Dat.	serv-ō	puer-ō	fabr-ō	verb-ō
Akk.	serv-um	puer-um	fabr-um	verb-um
Abl.	serv-ō	puer-ō	fabr-ō	verb-ō
Vok.	serv-e	puer	faber	verb-um

	Plural			
Nom.	serv-ī	puer-ī	fabr-ī	verb-a
Gen.	serv-ōrum	puer-ōrum	fabr-ōrum	verb-ōrum
Dat.	serv-īs	puer-īs	fabr-īs	verb-īs
Akk.	serv-ōs	puer-ōs	fabr-ōs	verb-a
Abl.	serv-īs	puer-īs	fabr-īs	verb-īs

[1] Bei der Reduktion auf die Grundform ist zu beachten, daß Stämme auf Konsonant + r im Nom.Sing. ein e entfalten (↗ L13).

21 Zu Stamm und besonderen Formen

1. Sprachhistorisch (hinsichtlich ihrer Herleitung aus dem Indoeuropäischen) betrachtet, sind die Wörter der 2. Deklination ursprünglich ŏ-Stämme; daher findet man auch die Bezeichnung **o-Deklination.**

2. Wörter auf -ius und -ium haben im Gen.Sg. statt -iī auch -ī: Vergilī, cōnsilī (↗ L12).

Nomen: Substantiv   17

3. Bei Eigennamen auf -ius und filius erscheint im **Vokativ** der Stamm, aber mit langem ī,
z. B.: Lūcius – Lūcī, Gāius – Gāī, (meus) filius – (mī) fīlī mein Sohn (↗ L12).
4. deus bildet im Nom.Plural dī, auch diī, Dat./Abl. Plural dīs, auch diīs.
5. locus hat im Nom./Akk. Plural auch die Neutrumendung -a: loca *Orte, Gegend*.
6. Im Gen.Plural findet sich auch die alte Endung -um, besonders bei Bezeichnungen der Handels-, Amts- und Kultsprache, z. B.: nummus *Münze* – nummum, triumvirī *Triumvirn* – triumvirum, deus *Gott* – deum.

D   7. Die Endung -ī kann bei Namen von Orten und kleinen Inseln im Sing. auch den Lokativ auf die Frage „wo" bezeichnen,
z. B.: Corinthī *in Korinth*, Tarentī *in Tarent*, Rhodī *auf Rhodos*.

22   Zum Genus
Wörter der 2. Deklination mit den Endungen **-us** und **-Ø** sind **Maskulina**, z. B.: populus *Volk*, ager *Feld*; mit der Endung **-um Neutra**, z. B. verbum *Wort*.
Ausnahmen sind die Bezeichnungen von Ländern, Inseln, Städten und Bäumen; sie sind Feminina, z. B.: Aegyptus *Ägypten*, Rhodus *Rhodos*, Corinthus *Korinth*, pōpulus *Pappel*.
Femininum auf -us ist auch humus *Boden, Erde*.
Neutra auf -us sind vulgus *Volk*, vīrus *Gift*.

3. Deklination

23   Zu den Stämmen der 3. Deklination
1. Sprachhistorisch (hinsichtlich ihrer Herleitung aus dem Indoeuropäischen) betrachtet, gehören zu den Wörtern der 3. Deklination Stämme auf Konsonanten und ursprüngliche i-Stämme, deren Kasusformen sich gegenseitig beeinflußten und mehr oder weniger stark vermischten; daher findet man auch die Unterteilung dieser Deklination in **Konsonantische, i-** und **Gemischte Deklination**.
2. Wörter, bei denen der Stamm des Nom.Sing. mit dem Stamm der obliquen Kasus völlig übereinstimmt (wie in unseren Paradigmen cōnsul, urbs), sind selten; in der Regel ist bei der Reduzierung auf die Grundform mit Lautwandel (wie in unserem Paradigma nōmen) oder einem zweiten Stamm (wie in unserem Paradigma mare) zu rechnen.

18 · Formenlehre

24 Kasusendungen

	Singular	Plural
Nom.	-∅/-s	-ēs/n.(i)a
Gen.	-is	-(i)um
Dat.	-ī	-ibus
Akk.	-em/-im/n. = Nom.	-ēs[2]/n.(i)a
Abl.	-e[1]/-ī[1]	-ibus

[1] -e meist bei Substantiven, -i meist bei Adjektiven
[2] selten -is

25 Paradigmen:
cōnsul, ≈ is m. *Konsul;* urb/s, ≈ is f. *Stadt;* nōm/en, ≈ inis n. *Name;* mare, maris n. *Meer*

	Singular			
Nom.	cōnsul	urb-s	nōmen	mare[2]
Gen.	cōnsul-is	urb-is	nōmin[1]-is	mar-is
Dat.	cōnsul-ī	urb-ī	nōmin-ī	mar-ī
Akk.	cōnsul-em	urb-em	nōmen	mare[2]
Abl.	cōnsul-e	urb-e	nōmin-e	mar-ī

	Plural			
Nom.	cōnsul-ēs	urb-ēs	nōmin-a	mar-ia
Gen.	cōnsul-um	urb-ium	nōmin-um	mar-ium
Dat.	cōnsul-ibus	urb-ibus	nōmin-ibus	mar-ibus
Akk.	cōnsul-ēs	urb-ēs	nōmin-a	mar-ia
Abl.	cōnsul-ibus	urb-ibus	nōmin-ibus	mar-ibus

[1] Der ursprüngliche Stamm erscheint nur im Nom./Akk.Sing., in den übrigen Kasus wurde er durch Vokalschwächung verändert (↗ L4).
[2] Das Substantiv hat zwei Stämme, im Nom./Akk.Sing. mare, in den übrigen Kasus mar-.

26 Hinweise zur Ermittlung der Grundform (→ = ergibt die Grundform)
1. Vokalkürzung, z. B.: Stamm der obliquen Kasus dolōr- → dolŏr, animāl → animăl (↗ L8).
2. Wiederherstellung des durch Vokalschwächung veränderten Stammes, z. B.: nōmin- → nōmen, capit- → caput, princip- → princeps (↗ L4).
3. Verlust des -n bei Stämmen auf -ōn, z. B.: nātiōn- → nātiō (↗ L23); mit Wiederherstellung des durch Ablaut und Vokalschwächung veränderten -ō, z. B. homin- → homō (↗ L2); so auch regelmäßig bei den Substantiven mit Stammausgang -din- → -dō und -gin- → -gō,
z. B. imāgin- → imāgō *Bild,* magnitūdin- → magnitūdō *Größe.*

Nomen: Substantiv

4. Schreibung des Doppelkonsonanten x bei Gutturalstämmen,
z. B.: vōc- → vōx, lēg- → lēx (↗ 4), in der Regel also **Wörter auf -c-/-g-** → **-x**.
5. Schwund des Stammauslauts bei Dentalstämmen,
z. B.: laud- → laus, virtūt- → virtūs (↗ L18): mit Wiederherstellung des durch Vokalschwächung veränderten e z. B. mīlit- → mīles (↗ L4), mit Dehnung des Vokals vor -ns z. B. dent- → dēns (↗ L10), in der Regel also **Wörter auf -d-/-t-** → **-s**.
6. Wiederherstellung des durch Rhotazismus veränderten s,
z. B.: mōr- → mōs, iūr- → iūs (↗ L14);
oft ist zusätzlich Vokalschwächung und Ablaut zu beachten: tempor- → tempus (↗ L6), gener- → genus (↗ L1), pulver- → pulvis (↗ L4).
7. Ablaut, z. B.: patr- → pater (↗ L2).
8. Bildung des Nom.Sing. von einem durch i, seltener durch ē oder ĕ erweiterten Stamm, z. B.: cīv → cīvi-s, clād → clādē-s, mar- → mare.
9. Bei stärkeren Veränderungen ist die Grundform mit Hilfe von Lehrbuchindex oder Wörterbuch zu ermitteln,
z. B.: Iov- → Iuppiter;
bov-, boum, bōbus, būbus → bōs;
itiner- → iter.

27 Zu den **Endungsvarianten**
1. Die Endung **-ī** im Abl.Sing. tritt auch bei einigen Substantiven auf. Es sind dies
a) Fluß- und Ortsnamen auf -is, wie Tiberis, Neāpolis; diese haben im Akk.Sing. die Endung **-im**: Tiberi (Dat./Abl.), Tiberim
(merke: -im/-ī);
b) einige wenige andere Substantive auf -is wie turris *Turm*, febris *Fieber*, tussis *Husten* sowie Substantive griechischer Herkunft wie dosis *Gabe*, praxis *Tätigkeit* u. v. a. Auch diese haben im Akk.Sg. -im, im Gen.Pl. -ium: turrī (Dat./Abl. Sing.), turrim, Turrium.
(merke: -im, -ī, -ium);
c) Neutra auf -ar, -e, -al wie exemplar *Muster*, mare *Meer*, animal *Lebewesen*; diese haben im Nom./Akk.Plural die Endung **-ia**, im Gen.Plural **-ium**: marī (Dat./Abl.Sing.), maria, marium
(merke: -ī, -ia, -ium).
Beachte: Die Endungen **-ia, -ium** haben auch die meisten Adjektive der 3. Deklination (↗ **40**), das Partizip Präsens Aktiv (↗ **41.2.**) und die Numeralien trēs, tria *drei*; mīlia *Tausende* (↗ **67**).
2. Die meisten Substantive auf -is und -ēs (bei gleicher Silbenzahl in Nom. und Gen.Sg.) sowie mit Stämmen auf zwei und mehr Konsonanten, wie civis *Bürger*, clādēs *Niederlage*, mōns *Berg*, haben im Gen.Plural die Endung **-ium**: civium, clādium, montium. (Merke: -ium).

28 Zum Genus
Eine alle Substantive der 3. Deklination umfassende Regel gibt es nicht. Merke jedoch: Die meisten Wörter mit der Nom.Sg.Endung -s und auf -ō sind Feminina, z. B. urbs *Stadt*, nātiō *Volk*. Substantive auf -us (Gen. -oris/-eris) sowie -men (Gen. -minis) sind Neutra, z. B. genus *Art*, corpus *Körper*, nōmen *Name*. Das natürliche Geschlecht überwiegt bei Wörtern wie mīles *Soldat*, praedō *Räuber*, lepus *Hase*, flāmen *Priester*, die sämtlich Maskulina sind.

20 Formenlehre

4. Deklination

29 Kasusendungen

	Singular	Plural
Nom.	-us/ n. -ū	-ūs / n. -ua
Gen.	-ūs	-uum
Dat.	-uī[1] /n. -ū[1]	-ibus[2]
Akk.	-um / n. -ū	-ūs / n. -ua
Abl.	-ū	-ibus[2]

[1] auch umgekehrt; m.f. -ū, n. -uī
[2] selten -ubus

30 Paradigmen:
cāsus, ūs m. *Fall;* cornū, ūs n. *Horn*

	Singular		Plural	
Nom.	cās-us	corn-ū	cās-ūs	corn-ua
Gen.	cās-ūs	corn-ūs	cās-uum	corn-uum
Dat.	cās-uī	corn-ū	cās-ibus	corn-ibus
Akk.	cās-um	corn-ū	cās-ūs	corn-ua
Abl.	cās-ū	corn-ū	cās-ibus	corn-ibus

31 Zum Stamm und besonderen Formen
1. Sprachhistorisch (hinsichtlich ihrer Herleitung aus dem Indoeuropäischen) betrachtet, sind die Wörter der 4. Deklination ursprünglich ŭ-Stämme; daher findet man auch die Bezeichnung **u-Deklination.**
2. Gelegentlich treten auch Formen nach der 2. Deklination auf, besonders bei domus *Haus,* so gewöhnlich Abl.Sing. domō (auch *„von zu Hause")* und Akk.Plural domōs; die Endung -ī bezeichnet meist den Lokativ auf die Frage „wo": domī *zu Hause.*

32 Zum Genus
Wörter mit der Endung **-us** sind **meist Maskulina,** mit der Endung **-ū Neutra.**
Einige Wörter auf -us sind **Feminina,** z. B.: domus *Haus,* manus *Hand,* porticus *Säulenhalle,* tribus *Tribus, Stamm,* acus *Nadel, Spitze,* Idūs (Gen. Iduum) *Iden* (Datum der Kalendermitte).

Nomen: Adjektiv

5. Deklination

33 Kasusendungen

	Singular	Plural
Nom.	-ēs	-ēs
Gen.	-ĕī[1]	-ērum
Dat.	-ĕī[1]	-ēbus
Akk.	-em	-ēs
Abl.	-ē	-ēbus

[1] nach Konsonanten gewöhnlich -ĕī, nach i -ēī

34 Paradigmen:
rēs, reī f *Sache;* diēs, diēī m f *Tag*

	Singular		Plural	
Nom.	r-ēs	di-ēs	r-ēs	di-ēs
Gen.	r-eī	di-ēī	r-ērum	di-ērum
Dat.	r-eī	di-ēī	r-ēbus	di-ēbus
Akk.	r-em	di-em	r-ēs	di-ēs
Abl.	r-ē	di-ē	r-ēbus	di-ēbus

35 Bemerkungen
1. Zum Stamm: Sprachhistorisch (hinsichtlich ihrer Herleitung aus dem Indo-europäischen) gehören die Substantive der 5. Deklination keiner einheitlichen Stammklasse an; doch findet man wegen des charakteristischen e in den Kasusendungen auch die Bezeichnung **e-Deklination.**
2. Zum Genus: Die Wörter der 5. Deklination sind **Feminina, mit Ausnahme** von diēs m *Tag* und merīdiēs m *Mittag;* diēs ist (besonders in der Bedeutung „Termin") auch Femininum.

Adjektiv und adjektivische infinite Verbformen

Deklination der Adjektive

36 Allgemeines

Im Unterschied zum Substantiv kann das Adjektiv nach den Genera verschiedene Formen aufweisen; als Grundform gilt der Nom.Sing.m. Dagegen ist die *Deklination* von Adjektiv und Substantiv identisch. Während die Substantive in allen fünf Deklinationen Anteil haben, sind die Adjektive auf die 1., 2. und 3. Deklination beschränkt. Wir unterscheiden **zwei Gruppen:**
1. Adjektive der 1./2. Deklination   **2.** Adjektive der 3. Deklination

22   Formenlehre

37 Adjektive der 1./2. Deklination

Die maskuline Form – gekennzeichnet durch die Endungen -us/-Ø – und die
Neutrumform – gekennzeichnet durch die Endung -um – gehen nach der
2. Deklination, die feminine Form – gekennzeichnet durch die Endung -a –
geht nach der 1. Deklination. Die Deklinationsendungen sind die gleichen wie
die der entsprechenden Substantive (m/n ↗ **19**, f ↗ **15**).

Beispiele: bonus *gut*, miser *elend*, pulcher *schön*

Maskulinum	Femininum	Neutrum
Nom. bon-us Gen. bon-ī weiter wie servus (↗ **20**)	Nom. bon-a Gen. bon-ae weiter wie cura (↗ **16**)	Nom. bon-um Gen. bon-ī weiter wie verbum (↗ **20**)
Nom. miser Gen. miser-ī weiter wie puer (↗ **20**)	Nom. miser-a Gen. miser-ae weiter wie cura (↗ **16**)	Nom. miser-um Gen. miser-ī weiter wie verbum (↗ **20**)
Nom. pulcher[1] Gen. pulchr[1]-ī weiter wie faber (↗ **20**)	Nom. pulchr-a Gen. pulchr-ae weiter wie cura (↗ **16**)	Nom. pulchr-um Gen. pulchr-ī weiter wie verbum (↗ **20**)

[1] ↗ **20, Anm**

38 Deklination der Pronominaladjektive

Die sogen. Pronominaladjektive nehmen in Formen und Bedeutung eine Zwi-
schenstellung zwischen Adjektiven und Pronomen ein und bilden Formen
nach der Deklination der Pronomina (↗ **49**): in allen drei Genera den **Gen.
Sing.** mit der Endung **-īus**, den **Dat.Sing.** mit der Endung **-ī**, z. B.: tōtus, a, um,
Gen.Sing.m f n tōtīus, Dat.Sing.m f n tōtī; in den übrigen Kasus folgen sie den
Adjektiven der 1./2. Deklination.
Es handelt sich um folgende Wörter:

nūllus *keiner;*   sōlus[1] *allein;*
tōtus *ganz;*   ūllus *irgendein;*
ūnus *ein(zig);*   alius, a, ud[2] *ein anderer;*

| D |

[1] Im Dt. unveränderlich: servī sōlīus *des Sklaven allein,* terrae sōlī *dem Land allein,* amīcī solī *die
Freunde allein.*
[2] alius hat auch im Nom./Akk.Sing. n pronominales -d (↗ **49**), der Gen.Sing. wird durch alterīus er-
setzt.

Nomen: Adjektiv

alter, altera, alterum *der eine*
(von beiden), der andere, der zweite;
uter, utra, utrum wer, *welcher*
(von beiden);

neuter, neutra, neutrum *keiner*
(von beiden);
uterque, utraque, utrumque
jeder (von beiden), beide[1].

Adjektive der 3. Deklination

39 Allgemeines

Nach der Zahl der Endungen im Nom.Sing. unterscheidet man drei Gruppen.

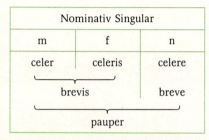

1. **Adjektive einer Endung**, z. B.:
pauper m f n *arm*, Gen. pauper-is;
fēlīx m f n *glücklich*, Gen. fēlīc-is;
dīves m f n *reich*, Gen. dīvit-is;
prūdēns m f n *klug*, Gen. prūdent-is.
Der Nom.Sing. ist – wie bei den Substantiven – mit den Endungen -0 / -s (↗ **23**) gebildet, für die Reduzierung auf die Grundform sind die Hinweise in ↗ **26** zu beachten,
z. B. fēlīc- → fēlīx wie vōc- → vōx,
dīvit- → dīves wie mīlit- → mīles,
prūdent- → prūdēns wie dent- → dēns.
2. **Adjektive zweier Endungen**, z. B.:
brevi-s m f, breve n *kurz*. Gen. brev-is. Der Stamm der obliquen Kasus ist brev-, der Nom.Sing. m f hat den Stamm brevi- mit der Endung -s (↗ **26,8**. zu cīvis), der Nom./Akk. Sing. n den Stamm breve mit der Endung -0 (↗ **26,8**. zu mare).
3. **Adjektive dreier Endungen**, z. B.:
celer m, celeri-s f, celere n *schnell*, Gen. celer-is;
ācer m, ācri-s f, ācre n *scharf*. Der Nom.Sing. m n ist mit der Endung -0, der Nom.Sing. f mit -s gebildet, celeri-s wie brevi-s, celere wie breve.
Zu ācer ↗ L13.

---

[1] uterque cōnsul *jeder Konsul (von beiden), beide Konsuln:* Im Lat. Beziehungswort im Sing., im Dt. bei Übersetzung „beide" im Plural; Nom.Plural utrīque *beide Parteien.*

24 Formenlehre

40 Bildung der Kasusformen ↗ 23.

Beachte:

1. Der Abl.Sing. hat in der Regel die Endung -ī (ist also mit dem Dat.Sing. identisch!).

2. Im Akk.Sing. m f erscheint nur -em, nicht -im.

3. Der Nom./Akk.Plural n hat in der Regel die Endung -ia, der Gen. Plural die Endung **-ium** (Merke: -i /-ia /-ium).

Paradigma:

brevis, breve, Gen. brevis *kurz*

	Singular		Plural	
	m f	n	m f	n
Nom.	brevi-**s**	breve	brev-**ēs**	brev-**ia**
Gen.	brev-**is**		brev-**ium**	
Dat.	brev-**ī**		brev-**ibus**	
Akk.	brev-**em**	breve	brev-**ēs**	brev-**ia**
Abl.	brev-ī		brev-**ibus**	

41 Deklination der adjektivischen infiniten Verbformen (↗ 83/84)

1. Wie Adjektive der 1./2. Deklination (↗ **37**) werden dekliniert:
– Partizip Perfekt Passiv, z. B. amātus, a, um
– Partizip Futur Aktiv, z. B. amātūrus, a, um
– die adjektivische nd-Form (Gerundivum), z. B. amandus, a, um

2. Das Partizip Präsens Aktiv geht nach der 3. Deklination (↗ **23**); der Abl.Sing. hat in der Regel die Endung -e,
der Nom./Akk.Plural n die Endung -ia, der Gen.Plural die Endung -ium
(Merke: -e, -ia, -ium),
z. B.: amāns, amant-is, amant-ī, amant-em (n amāns), amant-e;
amant-ēs (n amant-ia), amant-ium, amant-ibus.

Komparation der Adjektive

42 Bildung der Komparationsformen

Die Bildung der Komparationsformen erfolgt – wie im Dt. – in der Regel mit Hilfe von Suffixen, die an den Stamm der obliquen Kasus des Adjektivs treten.

1. Der **Komparativ** ist gekennzeichnet durch das **Suffix -ior-**, nur im **Nom./Akk.Sg. n** lautet das Suffix **-ius**.

2. Den **Superlativ** bilden die **meisten** Adjektive mit dem Suffix **-issim-**, Adjek-

Nomen: Adjektiv 25

tive auf **-er** mit dem Suffix **-rim-**, **einige** Adjektive auf -ilis mit dem Suffix **-lim-**; an diese Suffixe treten im Nom.Sing. die Endungen -us m, -a f, -um n.

3. Komparation durch Umschreibung (vgl. engl. more/most beautiful, russ. более/самый высокий) Adjektive der 1./2. Deklination, deren Stamm auf einen Vokal auslautet, bilden Komp. und Sup. durch Umschreibung mit den Adverbien magis mehr und māximē am meisten, z. B. idōneus geeignet: Komp. magis idōneus, Sup. māximē idōneus.

43 Beispiele: clārus *berühmt*, fēlīx *glücklich*, brevis *kurz*, miser *elend*, pulcher *schön*, celer *schnell*, acer *scharf*, facilis *leicht*

Positiv	Stamm der obliquen Kasus	Komparativ	Superlativ
clārus	clār-	clār-**ior**, **-ius**	clār-**issim**-us
fēlīx	fēlīc-	fēlīc-**ior**, **-ius**	fēlīc-**issim**-us
brevis	brev-	brev-**ior**, **-ius**	brev-**issim**-us
miser	miser-	miser-**ior**, **-ius**	miser-**rim**-us
pulcher	pulchr-	pulchr-**ior**, **-ius**	pulcher-**rim**-us[1]
celer	celer-	celer-**ior**, **-ius**	celer-**rim**-us
ācer	ācr-	ācr-**ior**, **-ius**	ācer-**rim**-us[1]
facilis	facil-	facil-**ior**, **-ius**	facil-**lim**-us

[1] Bei Adjektiven mit e vor dem r durch Vokalentfaltung (↗ L13) tritt das Superlativ-Suffix an den Stamm des Nom.Sing. m.

44 Komparation mit verschiedenen Stämmen (vgl. dt. viel – mehr, russ. много – больше)

bonus *gut*, malus *schlecht*, māgnus *groß*, parvus *klein*, multum n *viel*, multī, ae, a *viele*

Positiv m	Komparativ	Superlativ
bonus	melior, melius	optimus, a, um
malus	pēior, pēius	pessimus, a, um
māgnus	māior, māius	māximus, a, um
parvus	minor, minus	minimus, a, um
multum	plūs (Gen. plūris)	plūrimum
multī	plūrēs, plūra (Gen. plūrium)	plūrimī, ae, a

45 Deklination der Komparationsformen

1. Die Superlative bilden ihre Kasusformen wie Adjektive der 1./2. Deklination (↗ **37**).
2. Die Komparative bilden ihre Kasusformen nach der 3. Deklination (↗ **23**). Beachte:
a) Im Gegensatz zu den kurzen Vokalen des Nom.Sing. erscheint der Vokal

des Suffixes in den obliquen Kasus (außer Akk.Sing. n) in der Dehnstufe (↗ L2);
einheitliche Form für alle drei Genera ist -iōr-.
b) Der Abl.Sing. hat die Endung -e,
der Nom./Akk.Plural n hat die Endung -a, der Gen.Plural die Endung -um
(Merke: -e, -a, -um),

z. B.: clār-iōr-is, clār-iōr-ī, clār-iōr-em (n clārius), clār-iōr-e;
clār-iōr-ēs, clār-iōr-a, clār-iōr-um, clār-iōr-ibus.

[D] Zur Übersetzung der Komparationsformen ↗ **124, 5.**

Bildung von Adverbien aus Adjektiven

46 Allgemeines

Adverbien sind wie im Dt. unveränderlich. Während aber im Dt. als adver-
biale Bestimmung fungierende Adjektive keine besonderen Formen aufwei-
sen, d. h. in der endungslosen Grundform stehen (vgl. er ist gut – er schreibt
gut), werden aus lateinischen Adjektiven Adverbien in der Regel mit Suffixen
gebildet (vgl. engl. glad-ly zu glad, russ. хорошо zu хороший), die im Positiv
an den Stamm der obliquen Kasus des Adjektivs, im Superlativ an das Super-
lativ-Suffix (↗ **42**) treten; kein besonderes Adverbsuffix erhält das Adverb des
Komparativs.

47 Adjektive der 1./2. Deklination, somit auch alle Superlative (↗ **45.1.**), bilden
das Adverb mit dem Suffix **-ē,** Adjektive der 3. Deklination mit dem Suffix
-iter (Stämme auf -nt- mit **-er**); im Komparativ dient der Akk.Sing. n auf **-ius**
als Adverb.
Beispiele: altus *hoch,* miser *elend,* pulcher *schön,* brevis *kurz,* celer *schnell,* ācer
scharf, prūdēns *klug*

Adjektiv	Stamm der	Adverb		
m	obliquen Kas.	Positiv	Komparativ	Superlativ
altus	alt-	alt-**ē**	alt-**ius**	alt-**issim**-ē
miser	miser-	miser-**ē**	miser-**ius**	miser-**rim**-ē
pulcher	pulchr-	pulchr-**ē**	pulchr-**ius**	pulcher-**rim**-ē
brevis	brev-	brev-**iter**	brev-**ius**	brev-**issim**-ē
celer	celer-	celer-**iter**	celer-**ius**	celer-**rim**-ē
ācer	ācr-	ācr-**iter**	ācr-**ius**	ācer-**rim**-ē
prūdēns	prūdent-	prūdent-**er**	prūdent-**ius**	prūdent-**issim**-ē

48 Bemerkungen zu besonderen Formen

1. Unregelmäßige Bildungen sind: benĕ *gut* zu bonus; malĕ *schlecht* zu malus;

Nomen: Pronomen   27

aliter *anders* zu alius; diūtius *länger*, diutissimē *am längsten/sehr lange* zu diū;
saepius *öfter*, saepissimē *am häufigsten/sehr oft* zu saepe.
Beachte auch: māgnopere *sehr*, magis *mehr*, māximē *am meisten*.
2. Der Akk.Sing. n als Adverb (wie beim Komparativ) findet sich auch im Positiv, z. B.: cēterum *übrigens*; multum *viel, sehr*; prīmum *zuerst, zum ersten Male*; facile *leicht* (vgl. russ. хорошо).
3. Auch das Suffix -ō (eigentl. Abl.Sing.) kann zur Bildung von Adverbien dienen, z. B.: prīmō *zuerst*, rārō *selten*, subitō *plötzlich*, tūtō *sicher*.

Pronomen

49 Allgemeines

Bei den meisten Pronomen treten Formen auf, die von denen der Substantive
mehr oder weniger stark[1] abweichen und deshalb besonders gut eingeprägt
werden müssen. Typische Endungen sind:

-d	im Nom./Akk.Sing. n
-ĭus	im **Gen.Sing.** } aller drei Genera
-ī	im **Dat.Sing.**

50 Personalpronomen

		1. Person		2. Person		3. Person	
Singular	Nom.	egŏ	*ich*	tū	*du*	ĭs ea id[3]	*er, sie, es*
	Gen.	meī	*meiner*	tuī	*deiner*	← eius →	*seiner, ihrer, seiner*
	Dat.	mihĭ[2]	*mir*	tibĭ	*dir*	← eī →	*ihm, ihr, ihm*
	Akk.	mē	*mich*	tē	*dich*	eum eam id	*ihn, sie, es*
	Abl.	ā mē	*von mir*	ā tē	*von dir*	ab, cum	*von, mit*
		mēcum	*mit mir*	tēcum	*mit dir*	eō eā eō	*ihm, ihr, ihm*
Plural	Nom.	nōs	*wir*	vōs	*ihr*	iī (eī) eae ea	*sie*
	Gen.	nostrī	*unser*	vestrī	*euer*	eōrum eārum eōrum	*ihrer*
		nostrum	*von uns*	vestrum	*von euch*		
	Dat.	nōbīs	*uns*	vōbīs	*euch*	← iīs (eīs) →	*ihnen*
	Akk.	nōs	*uns*	vōs	*euch*	eōs eās ea	*sie*
	Abl.	ā nōbīs	*von uns*	ā vōbīs	*von euch*	ab, cum	*von, mit*
		nōbīscum	*mit uns*	vōbīscum	*mit euch*	← iīs (eīs) →	*ihnen*

[2] Dat. auch mī.
[3] Gleichbedeutend ist ille, illa, illud (↗ **56**).

[1] Der Substantivdeklination am nächsten stehen die Formen der Possessivpronomen (↗ **54**); gänzlich von ihr verschieden die Formen der Personalpronomen (↗ **50**).

51 Bemerkungen zu den Personalpronomen

1. Die Nominative der Personalpronomen kommen im Lat. viel seltener vor als im Dt., da die Personen bereits durch die Personalendungen der Verben ausgedrückt werden. Wenn sie jedoch auftreten, so wird die Person besonders betont und hervorgehoben:

☐ **Egō** labōrō, **vōs** autem lūditis. *Ich arbeite, ihr aber spielt.*

2. Die Formen **nostrum** und **vestrum** bezeichnen den Genitivus partitivus

☐ (↗ **115**), z. B.: quis nostrum? *wer von uns?*, multī vestrum *viele von euch.*

Die Formen **nostrī** und **vestrī** – wie auch meī und tuī – bezeichnen den Genitivus obiectīvus (↗ **117**); auch sie werden meist durch einen Präpositionalausdruck wiedergegeben:

memoria vestrī *die Erinnerung **an** euch,*

amor tuī *die Liebe **zu** dir.*

3. is, ea, id wird auch als Demonstrativpronomen verwendet (↗ **58**).

52 Reflexivpronomen

Nom.			
Gen.	suī	*seiner; ihrer*	(Sing. f und Plural)
Dat.	sibī	*sich*	(Sing. und Plural)
Akk.	sē	*sich*	(Sing. und Plural)
Abl.	ā sē	*von sich*	(Sing. und Plural)
	sēcum	*mit sich*	(Sing. und Plural)

Zur Übersetzung des Reflexivpronomens als Personalpronomen ↗ **172**.

53 Possessivpronomen

	1. Person		2. Person		3. Person		
					reflexiv	nicht reflexiv	
Singular	meus *mein*		tuus *dein*		suus	eius	*sein* (m n),
	mea		tua		sua		*ihr* (f)
	meum		tuum		suum		
Plural	noster *unser*		vester *euer*		suus	eōrum	
	nostra		vestra		sua	eārum	*ihr* (m f n)
	nostrum		vestrum		suum	eōrum	

54 Bemerkungen zu den Possessivpronomen

1. Meus, tuus, suus, noster, vester werden wie die Adjektive der 1./2. Deklination (↗ **37**) dekliniert, der Vokativ Sing. m von meus lautet mī: mī pater !

Nomen: Pronomen 29

mein Vater! Dagegen bleiben eius, eōrum, eārum als Genitivattribute (abgeleitet von is, ea, id, ↗ **50**, vgl. russ. ero, eë, их) unverändert.

2. Das reflexive Possessivpronomen der 3. Person suus gibt als Besitzer das

D Subjekt an (vgl. russ. свой); nach diesem richtet sich seine Übersetzung als „*sein*" (Sing. m n) oder „*ihr*" (Sing. f, Plural):

3. Im Lat. fehlt das Possessivpronomen oft, wenn der Besitzer sich aus dem

D Zusammenhang ergibt; im Dt. kann es ergänzt werden:
pater filium vocat *der Vater ruft seinen Sohn,*
patriam amāmus *wir lieben unsere Heimat.*
4. Zum substantivischen Gebrauch der Possessivpronomen ↗ **173,2**.

Demonstrativpronomen

55 hĭc, haec, hŏc *dieser, diese, dieses*

	Singular			Plural		
	m	f	n	m	f	n
Nom.	hĭc	haec	hŏc	hī	hae	haec
Gen.	← huius →			hōrum	hārum	hōrum
Dat.	← huic →			← hīs →		
Akk.	hunc	hanc	hŏc	hōs	hās	haec
Abl.	hōc	hāc	hōc	← hīs →		

Beachte: hĭc bildet im Sing. alle Formen mit der hinweisenden Partikel -c außer huius, im Plural alle Formen ohne -c außer haec. Zu hunc/hanc ↗ L15, zu hŏc ↗ L17.

56 ille, illa, illud *jener, jene, jenes; er, sie, es*

	Singular			Plural		
	m	f	n	m	f	n
Nom.	ille	illa	illud	illī	illae	illa
Gen.	← illius →			illōrum	illārum	illōrum
Dat.	← illī →			← illīs →		
Akk.	illum	illam	illud	illōs	illās	illa
Abl.	illō	illā	illō	← illīs →		

57 Bemerkungen

1. Wie ille, illa, illud wird dekliniert iste, ista, istud *der, die, das (da); dieser, diese, dieses (da).*

30 Formenlehre

2. Wie ille, illa, illud wird dekliniert mit Ausnahme des Nom./Akk. Sing. *n*
ipse, ipsa, ipsum *selbst.* Während sich lat. ipse in Kasus, Genus und Numerus

D nach seinem Beziehungswort richtet, bleibt dt. „selbst" unverändert: pater
ipse, māter ipsa, līberī ipsī *der Vater selbst, die Mutter selbst, die Kinder selbst;*
tibī ipsī dīxī *dir selbst habe ich gesagt.* Statt „selbst" auch „unmittelbar, gerade":
ad ipsam oram *an der Küste selbst, unmittelbar, gerade an der Küste.*

58 is, ea, id *dieser, diese, dieses; der, die, das; derjenige, diejenige, dasjenige;* als Per-
sonalpronomen: *er, sie, es.*
Deklination ↗ **50**, Gen. als Possessivpron. ↗ **53**.
Wie is wird dekliniert īdem (↗ L11), eadem, idem (eben der:) *derselbe, die-
selbe, dasselbe,* also eiusdem usw. Besondere Formen: Nom.Plural m auch
īdem, Dat./Abl.Plural auch īsdem (↗ L12); Akk.Sing. m f eundem, eandem,
Gen.Plural eōrundem (m n), eārundem (f) (↗ L15).

59 Relativpronomen

1. quī, quae, quod *der, die, das; wer, was*

		m	f	n	
Singular	Nom.	quī	quae	quod	*der, die das*
	Gen.	← cuius →			*dessen, deren, dessen*
	Dat.	← cui →			*dem, der, dem*
	Akk.	quem	quam	quod	*den, die, das*
	Abl.	quō	quā	quō	z. B. *durch den, die, das*
		quōcum	quācum	quōcum	*mit dem, der, dem*
Plural	Nom.	quī	quae	quae	*die*
	Gen.	quōrum	quārum	quōrum	*deren*
	Dat.	← quibus →			*denen*
	Akk.	quōs	quās	quae	*die*
	Abl.	← quibus →			z. B. *durch die*
		← quibuscum →			*mit denen*

2. Verallgemeinernde Relativpronomen

a) quīcumque, quaecumque, quodcumque
(bei der Deklination bleibt -cumque
unverändert, z. B. quemcumque)

b) quisquis, quidquid
(Deklination beider Teile wie
quis, ↗ **60, 1.**

} *wer, welcher auch*
immer; jeder, der,
Plural: *alle, die*

Besonderheiten bei der Übersetzung der Relativpronomen ↗ **174**

Nomen: Pronomen   31

60 Interrogativpronomen

1. quis? quid? *wer? was?*

Nom.	quis?	quid?	*wer? was?*
Gen.	cuius?		*wessen?*
Dat.	cui?		*wem?*
Akk.	quem?	quid?	*wen? was?*
Abl.	ā quō?		*von wem?*
	quōcum?		*mit wem?*

2. quī? quae? quod? *welcher? welche? welches?*
Deklination wie das Relativpronomen (↗ **59**).

Indefinitpronomen

61 Die einfachen Indefinitpronomen

1. quis, quid *(irgend)einer, (je)man(d); etwas*
Deklination wie das Interrogativpronomen quis? quid? (↗ **60, 1.**).
2. quī, qua, quod *irgendein(e)*
Deklination wie das Relativpronomen quī, quae, quod (↗ **59, 1.**), jedoch Nom.
Sing. f und Nom.Akk.Plural n meist qua.
quis, quid bzw. quī, qua, quod schließen sich besonders an sī, nisi, nē, num
(Regel: nach nē, sī, nisi, num fällt jedes ali- um, vgl. ↗ **62, 1.**), quō und einige
andere Wörter an, z. B.:
sī quis hoc dīcit *wenn (je)man(d) dies sagt*
nē quī populus bellum gerat *damit (nicht irgendein:) kein Volk Krieg führt.*

62 Zusammengesetzte Indefinitpronomen
1. Mit dem einfachen Indefinitpronomen als zweitem Bestandteil:
aliquis, aliquid; aliquī, aliqua, aliquod.
Bedeutungen wie quis und quī (↗ **61**)
2. Mit dem einfachen Indefinitpronomen als erstem Bestandteil, z. B.:
a) quisquam, quidquam/quicquam (↗ L17) *(irgend)einer, jemand; etwas.*
b) quisque, quaeque, quidque/quodque *jeder (einzelne).*
c) quīdam, quaedam, quoddam/quiddam *ein(gewisser),* Plural auch: *einige.*

63 Bemerkungen

Bei den zusammengesetzten Indefinitpronomen wird jeweils nur der (mit qu-
beginnende) pronominale Bestandteil wie das entsprechende Interrogativpro-
nomen dekliniert (↗ **60**; aliquis, aliquī mit den Besonderheiten wie quis, quī,
↗ **61, 2.**), z. B.: alicuius, cuiusquam, cuiusque, cuiusdam usw.

32   Formenlehre

Beachte:
1. quīdam bildet die Formen quendam, quandam, quōrundam, quārundam
(↗ L15).

☐ 2. Im Lat. nachgestelltes quisque rückt im Dt. an erste Stelle:
suum cuique *jedem das Seine,*
suae quisque fortūnae faber est *jeder ist seines Glückes Schmied,*
optimus quisque *(jeder beste:) gerade die besten.*

64 **nēmō und nihil**

1. **nēmō** *niemand, keiner* ist eine Zusammensetzung mit homō (↗ L12) und bildet Formen wie die-
ses Substantiv: Dat. mēminī, Akk. nēminem (Gen. und Abl. von nūllus: nūllīus, nūllō, ↗ 38).
2. **nihil** (auch nil, ↗ L12) *nichts* tritt nur im Nom. und Akk. auf; die übrigen Kasus werden gewöhn-
lich durch nūlla rēs keine Sache ersetzt: Gen. nūllīus reī, Dat. nūllī reī, Abl. nūllā rē (↗ **34, 38**), ver-
einzelt Gen. nihilī und Abl. nihilō.
Zur Deklination der Pronominaladjektive ↗ **38**.

Numerale

65 Kardinal- (Grund-) und Ordinal-(Ordnungs)zahlen

Ziffern		Grundzahlen	Ordnungszahlen
I	= 1	ūnus, a, um *ein*	prīmus, a, um *der erste*
II	= 2	duo, duae, duo *zwei*	secundus, a, um;
			alter, altera, alterum *der zweite*
III	= 3	trēs, tria *drei*	tertius *der dritte* usw.
IV (IIII)	= 4	quattuor	quārtus
V	= 5	quīnque	quīntus
VI	= 6	sex	sextus
VII	= 7	septem	septimus
VIII	= 8	octō	octāvus
IX (VIIII)	= 9	novem	nōnus
X	= 10	decem	decimus
XI	= 11	ūndecim	ūndecimus
XII	= 12	duodecim	duodecimus
XIII	= 13	trēdecim	tertius decimus
XIV	= 14	quattuordecim	quārtus decimus
XV	= 15	quīndecim	quīntus decimus
XVI	= 16	sēdecim	sextus decimus
XVII	= 17	septendecim	septimus decimus
XVIII	= 18	duodēvīgintī[1]	duodēvīcēsimus[1] (octāvus decimus)
		(decem et octō)	
XIX	= 19	ūndēvīgintī[1]	ūndēvīcēsimus[1] (nōnus decimus)
		(decem et novem)	
XX	= 20	vīgintī	vīcēsimus

[1] Die Verbindungen von 8 und 9 mit einem Zehner werden gwöhnlich durch Substraktion (duodē-
= 2 von, ūndē- = 1 von) vom nächsten Zehner bzw. 100 gebildet.

Nomen: Numerale

Ziffern		Grundzahlen	Ordnungszahlen
XXI	= 21	vīgintī ūnus od. ūnus et vīgintī[2]	vīcēsimus prīmus oder ūnus et vīcēsimus[2]
XXII	= 22	vīgintī duo oder duo et vīgintī[2]	vīcēsimus alter oder alter et vīcēsimus[2]
XXVIII	= 28	duodētrīgintā[1] (trīgintā et octō)	duodētrīcēsimus (vīcēsimus octāvus)
XXIX	= 29	ūndētrīgintā (vīgintī et novem)	ūndētrīcēsimus (vīcēsimus nōnus)
XXX	= 30	trīgintā	trīcēsimus
XL (XXXX)	= 40	quadrāgintā	quadrāgēsimus
L	= 50	quīnquāgintā	quīnquāgēsimus
LX	= 60	sexagintā	sexāgēsimus
LXX	= 70	septuāgintā	septuāgēsimus
LXXX	= 80	octōgintā	octōgēsimus
XC (LXXXX)	= 90	nōnāgintā	nōnāgēsimus
IIC	= 98	duodēcentum (nōnāgintā octō)	duodēcentēsimus (nōnāgēsimus octāvus)
IC	= 99	ūndēcentum (nōnāgintā novem)	ūndēcentēsimus (nōnāgēsimus nōnus)
C	= 100	centum	centēsimus
CI	= 101	centum ūnus	centēsimus prīmus
CC	= 200	ducentī, ae, a	ducentēsimus
CCC	= 300	trecentī, ae, a	trecentēsimus
CD (CCCC)	= 400	quadringentī, ae, a	quadringentēsimus
D	= 500	quīngentī, ae, a	quīngentēsimus
DC	= 600	sescentī, ae, a	sescentēsimus
DCC	= 700	septingentī, ae, a	septingentēsimus
DCCC	= 800	octingentī, ae, a	octingentēsimus
CM(DCCCC)	= 900	nōngentī, ae, a	nōngentēsimus
M	= 1 000	mīlle	mīllēsimus
MM (ĪĪ)[3]	= 2 000	duo mīlia	bis mīllēsimus
MMM(ĪĪĪ)[3]	= 3 000	tria mīlia	ter mīllēsimus
X̄[3]	= 10 000	decem mīlia	deciēs[4] mīllēsimus
C̄[3]	= 100 000	centum mīlia	centiēs[4] mīllēsimus
X̠[3]	= 1 000 000	deciēs[4] centēna mīlia	deciēs[4] centiēs[4] mīllēsimus

[2] Bei zusammengesetzten Zahlen steht die größere – meist ohne et – vor der kleineren (wie wir in Ziffern schreiben); bei 21–99 kann auch die kleinere, dann mit et verbunden, voranstehen (wie wir sprechen).

[3] Übergesetzter Strich = 1 000mal, ⌐ = 100 000mal.

[4] Zahladverbien (↗ 66).

34 Formenlehre

66 Distributiv-(Verteilungs)zahlen und Zahladverbien

	Verteilungszahlen		Zahladverbien	
1	singulī, ae, a	*je ein*	semel	*einmal*
2	bīnī, ae, a	*je zwei*	bis	*zweimal*
3	ternī (trīnī)	*je drei, usw.*	ter	*dreimal, usw.*
4	quaternī		quater	
5	quīnī		quīnquiēs	
6	sēnī		sexiēs	
7	septēnī		septiēs	
8	octōnī		octiēs	
9	novēnī		noviēs	
10	dēnī		deciēs	
11	ūndēnī		ūndeciēs	
12	duodēnī		duodeciēs	
13	ternī dēnī		ter deciēs	
18	duodēvicēnī		duodēvīciēs	
20	vīcēnī		vīciēs	
21	singulī et vīcēnī		semel et vīciēs	
	(vīcēnī singulī)		(vīciēs semel)	
30	trīcēnī		trīciēs	
40	quadrāgēnī		quadrāgiēs	
100	centēnī		centiēs	
200	ducēnī		ducentiēs	
1 000	singula mīlia		mīliēs	

67 Zur Deklination der Numeralien
Dekliniert werden
1. die Ordnungszahlen wie die Adjektive der 1./2. Deklination (↗ 37);
2. die Verteilungszahlen wie die Adjektive der 1./2. Deklination im Plural (↗ 37); der Gen. hat – außer bei singulī – die Endung -um, z. B. bīn-um;
3. von den Grundzahlen nur
a) die Hunderter außer centum wie die Adjektive der 1./2. Deklination im Plural (↗ 37),
b) ūnus (nach der Deklination der Pronominaladjektive, ↗ 38); duo; trēs und der zu mīlle gehörige Plural mīlia (nach der 3. Deklination, ↗ 23, 27, 1.c).

	m	f	n	m	f	n	m	f	n	n
Nom.	ūn-us	ūn-a	ūn-um	du-o	du-ae	du-o	tr-ēs	tr-ēs	tr-ia	mīl-ia
Gen.	← ūn-īus →			du-ōrum	du-ārum	du-ōrum	← tr-ium →			mīl-ium
Dat.	← ūn-ī →			- du-ōbus -			← tr-ibus →			mīl-ibus
Akk.	ūn-um	ūn-am	ūn-um	du-ōs	du-ās	du-o	tr-ēs	tr-ēs	tr-ia	mīl-ia
				(du-o)						
Abl	ūn-ō	ūn-ā	ūn-ō	← du-ōbus →			← tr-ibus →			mīl-ibus

Verb: Tempusstämme   35

68 Zur Anwendung der Numeralien

[D] 1. Das undeklinierbare mille wird meist adjektivisch gebraucht, hat aber auf die Form des Substantivs nur soweit Einfluß, als nach ille eine Substantivform im Plural erscheint:
mille incolae *tausend Einwohner,*
cum mille incolīs *mit tausend Einwohnern;* dagegen ist **mīlia** ein Substantiv n, von dem das gezählte Substantiv als Genitivus partītīvus (↗ **115**) abhängt:
tria mīlia incolārum *(drei Tausende der Einwohner:) dreitausend Einwohner,*
cum tribus mīlibus incolārum *mit dreitausend Einwohnern.*

[D] 2. Im Lat. werden bei der Angabe von Jahreszahlen Ordnungszahlen, im Dt. Grundzahlen angewendet:
anno ab urbe conditā ducentēsimō sexāgēsimō *im Jahre 260 seit Gründung der Stadt.*

[D] 3. Die Verteilungszahlen werden oft als Grundzahlen (ohne „je") übersetzt, besonders bei Pluralwörtern:
uterque cum bīnīs comitibus vēnit *beide kamen mit (je) zwei Begleitern,*
bīnae (trīnae) litterae *zwei (drei) Briefe* (duo litterae *zwei Buchstaben*).

(4. Bei der Multiplikation dienen die Zahladverbien als Multiplikator, die Verteilungszahlen (im n) als Multiplikand:
bis bīna sunt quattuor 2 × 2 = 4).

Verb

69 Allgemeines zur Konjugation

Während die Nomina ihre Formen in der Regel von *einem* Stamm bilden, haben die meisten Verben drei Tempusstämme: den Präsensstamm, den Perfekt-Aktiv-Stamm (nicht bei Deponentien, ↗ **90**) und den Perfekt-Passiv-Stamm. Die Zuordnung einer Verbform zu einem dieser Stämme bildet daher eine wichtige Voraussetzung für die Formanalyse. Zur Bildung der Konjugationsformen treten an den Präsens- und Perfekt-Aktiv-Stamm Suffixe, an die sich bei den finiten Verbformen die Personalendungen anschließen (einfache Formen, z. B.: dūc-ēbā-s *du führtest,* dūx-erā-s *du hattest geführt*). Dagegen werden die vom Perfekt-Passiv-Stamm abgeleiteten Konjugationsformen der Perfekt-Passiv-Gruppe mit dem Hilfsverb sum *„sein"* gebildet (zusammengesetzte Formen wie im Dt., z. B.: ductī sunt *sie sind geführt worden*).

Die drei Tempusstämme

70 Präsensstamm

Nach dem Stammauslaut werden die Verben 4 Konjugationen zugeordnet:

- Stammauslaut -ā: **1. (a-) Konjugation**, z. B.: **amā**-s *du liebst;*
- Stammauslaut -ē: **2. (e-) Konjugation**, z. B.: **monē**-s *du ermahnst;*
- Stammauslaut -ī: **4. (i-) Konjugation**, z. B.: **audī**-s *du hörst;*
- Stammauslaut auf **Konsonant (+i)**[1] oder **-u: 3. Konjugation**, z. B.: **col**-i-s *du bebaust,*
  minu-i-s *du verminderst.*

[1] Zur 3. Konjugation gehören auch einige Verben, bei denen ein großer Teil der Formen nicht von ihrem konsonantischen, sondern von einem mit -i erweiterten Stamm (3. Konjugation mit i-Erweiterung) gebildet wird. Vgl. z. B. **cap**-i-s, **cap**-e-rēs, **cap**-e mit **capi**-ō, **capi**-u-nt, **capi**-ēbā-s.
Der -i-Stamm erscheint in den Formen, bei denen in der 4. Konjugation auf den Stammauslaut -ī ein Vokal folgt.

71 Bemerkungen zur Formenbildung

1. Die Beachtung der Konjugationszugehörigkeit eines Verbs ist wichtig, weil scheinbar gleiche Formen unterschiedliche Bedeutungen haben können:
Vgl. z. B. monēs *du ermahnst* (ē ist Stammauslaut),
     amēs *du mögest lieben* (ē ist Modussuffix),
     dūcēs *du wirst führen* (ē ist Tempussuffix).
Die Einteilung in die vier Konjugationen gilt nur für den Präsensstamm. In den anderen beiden Tempusstämmen werden alle Formen auf gleiche Weise gebildet (vgl. ↗ **73, 75 sowie 79/80**).
2. Die langen Stammauslaute -ā, -ē, -ī werden in drei Fällen gekürzt, z. B. amă-t, amă-nt, monĕ-ō (↗ L7, 8, 9).
3. Der Stammauslaut -ā der 1. Konjugation wird mit den Personalendungen ō und or und dem Modussuffix ē kontrahiert, z. B. amō, amēs (↗ L12).
4. In manchen Formen treten zur Verbindung von Morphemen Interfixe (Zwischenvokale) auf (u in der 3. Pers. Plural, e vor r und den Suffixen nt und nd, i in den übrigen Fällen),

z. B.: col-u-nt, audi-u-nt; col-e-re, monē-b-e-ris; col-e-ntis (zu col-ē-ns), audi-e-ndus;
     amā-b-is, col-i-mus.

72

Vom **Präsensstamm** werden **folgende Formen** gebildet:

Indikativ und	Präsens	
Konjunktiv	Imperfekt	
	Futur I	Aktiv und Passiv/Deponens
	Imperativ	
	Infinitiv Präsens	
Partizip Präsens Aktiv		
nd – Formen		

Verb: Tempusstämme   37

73 Perfekt-Aktiv-Stamm

Es gibt fünf **Arten der Bildung** dieses Tempusstammes:

1. v-/u-Perfekt:
Der Perfekt-Aktiv-Stamm lautet auf -v bzw. (aus diesem entstandenen) -u aus.

Beispiele: amāv-ī zu amō 1, vetu-ī zu vetō 1;
    dēlēv-ī zu dēleō 2, monu-ī zu moneō 2;
    petīv-ī zu petō 3, colu-ī zu colō 3;
    audīv-ī zu audiō 4, aperu-ī zu aperiō 4.

Kurzformen durch Ausfall von vi vor s, von ve vor r; des v vor e, i bei Perfekt auf -ivi. Zum Beispiel:
amāsti < amāvisti, amārunt < amāvērunt, audiērunt < audivērunt,
pétīi < petīvi (↗ L 7).

2. s-Perfekt:
Der Perfekt-Aktiv-Stamm lautet auf -s aus.

Beispiele: mānsī zu maneō 2, aux-ī[1] zu augeō 2, rīs-ī[2] zu rīdeō 2;
    cess-ī[2] zu cēdō 3, claus-ī[1] zu claudō 3, dīx-ī[1] zu dīcō 3, scrīps-ī[3] zu
    scrībō 3, sūmps-ī[1] zu sūmō 3; vīnx-ī[1] zu vinciō 4, sēns-ī[2] zu sentiō 4.

3. Perfekt mit Reduplikation (= Verdopplung):
Der Perfekt-Aktiv-Stamm wird gebildet durch Wiederholung des Anfangskonsonanten + e (bei Angleichung an den Stammvokal auch o, u).

Beispiele: ded-ī zu dō 1; pepend-ī zu pendeō 2;
    cecĭd-ī zu cadō 3, cecīd-ī zu caedō 3 (↗ L3, L4);
    cucurr-ī zu currō 3, poposc-ī zu poscō 3

Verben mit Präfixen verlieren meist die Reduplikation; (↗ 73,5.)
concurr-ī zu concurr-ō, concĭd-ī zu concĭd-ō, concīd-ī zu concīd-ō.

4. Perfekt mit Dehnung:
Der Perfekt-Aktiv-Stamm weist Dehnung des Präsensstammvokals auf.
Beispiele:
a) Ohne Wechsel des Vokals:
    iūv-ī zu iŭv-ō 1; mōv-ī zu mŏveō 2, vīd-ī zu vĭdeō 2;
    lēg-ī zu lĕgō 3, fūg-ī zu fŭgiō 3; vēn-ī zu vĕniō 4.
b) Mit Wechsel des Vokals:
    ēg-ī zu ăgō 3, cēp-ī zu căpiō 3.

5. Perfekt ohne Stammveränderung:
Der Perfekt-Aktiv-Stamm ist mit dem Präsensstamm identisch. (Vgl. **73, 3**)

Beispiele: dēfend-ī zu dēfend-ō 3, minu-ī zu minu-ō 3

---

[1] Zur Schreibung von Guttural + s als x ↗ **4**.   [3] Zur Lautveränderung bei b + s ↗ L16.
[2] Zu Lautveränderungen bei Dental + s ↗ L18.   [4] Zum Übergangslaut p ↗ L25.

Beachte:
Durch die Stammgleichheit gibt es drei Formen, die im Präsens- und Perfekt-Aktiv-Stamm übereinstimmen:
dēfendit 3. Pers. Sing. Ind. Präs. und Perf. Akt.,
dēfendimus 1. Pers. Pl. Ind. Präs. und Perf. Akt.,
dēfendī Inf. Präs. Pass. und 1. Pers. Sing. Ind. Perf. Akt.

74 Vom **Perfekt-Aktiv-Stamm** werden **folgende Formen** gebildet:

Indikativ und } Perfekt
Konjunktiv } Plusquamperfekt } Aktiv
Futur II
Infinitiv Perfekt

75 Perfekt-Passiv-Stamm

Die Bezeichnung dieses Stammes trägt der Tatsache Rechnung, daß das von ihm abgeleitete **Partizip Perfekt Passiv Bestandteil aller Formen der Perfekt-Passiv-Gruppe** (↗ **76**) ist.
Beachte: Aktiv sind (außer dem Infinitiv Futur Passiv) die anderen vom Perfekt-Passiv-Stamm abgeleiteten Formen (↗ **76**).
Der Perfekt-Passiv-Stamm lautet 1.) auf -t, seltener 2.) auf -s aus. Beispiele:
Zu 1. amāt-us zu amō 1, vetit-us zu vetō 1;
dēlēt-us zu dēleō 2, monit-us zu moneō 2, auct-us (↗ L16) zu augeō 2; dict-us zu dīcō 3, āct-us (↗ L16) zu agō 3, scrīpt-us (↗ L16) zu scrībō 3, sūmpt-us (↗ L25) zu sūmō 3;
audīt-us zu audiō 4, apert-us zu aperiō 4.
Zu 2. possess-us zu possideō 2, vīs-us zu videō 2;
miss-us zu mittō 3, claus-us zu claudō 3; sēns-us zu sentiō 4 } (↗ L19)
puls-us zu pellō 3, fīx-us (↗ **4**) zu fīgō 3.

76 Vom **Perfekt-Passiv-Stamm** werden **folgende Formen** gebildet:

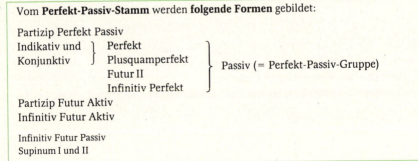

Verb: Tempusstämme 39

77 Stammformen und Tempusstämme

Unter den **Stammformen** versteht man eine Reihe von Formen, mit deren Hilfe man die Tempusstämme eines Verbs bestimmen kann.
Es handelt sich um:
1. 1. Pers. Sing.Ind.Präs.Akt.; in den meisten Wörterbüchern Grundform.
2. 1. Pers. Sing.Ind.Perf.Akt.
3. Part.Perf.Pass. im Nom.Sing. m (oder: n) } Perfekt-Stammformen

Die Stammformreihe wird (bei den regelmäßigen Verben) ergänzt durch eine der Ziffern 1–4 zur Angabe der Konjugationszugehörigkeit des Präsensstammes. Beispiele:
amō, amāvī, amātus (oder: amātum) 1, vetō, vetuī, vetitus 1;
dēleō, dēlēvī, dēlētus 2, moneō, monuī, monitus 2;
regō, rēxī, rēctus 3, capiō, cēpī, captus 3;
audiō, audīvī, audītus 4, aperiō, aperuī, apertus 4;
ferō, tulī, lātus.
Aus diesen Stammformen ergeben sich durch Abtrennung der Endungen folgende **Tempusstämme**:
1. Präsensstämme:
amā-[1], vetā-[1]; dēlē-[2], monē-[2]; reg-, cap(i)-; audī-[2], aperi-[2]; fer-
2. Perfekt-Aktiv-Stämme:
amāv-, vetu-, dēlēv-, monu-, rēx-, cēp-, audīv-, aperu-, tul-.
3. Perfekt-Passiv-Stämme:
amāt-, vetit-, dēlēt-, monit-, rēct-, capt-, audīt-, apert-, lāt-.

Beachte:
1. **Stammformenreihen** findet man in lateinischen Grammatiken, in Wörterverzeichnissen von Lehrbüchern, in lateinisch-deutschen Wörterbüchern (mitunter sind unregelmäßige Perfektstammformen alphabetisch mit Verweis auf die Grundform eingeordnet).
Die vorliegende Sprachlehre enthält eine alphabetische **Liste unregelmäßiger Pefektstammformen** ↗ 235. Meist nicht aufgeführt sind Stammformen der 1. Konjugation (Typ amō 1) und der 4. Konjugation (Typ audiō 4), da sich deren Tempusstämme durch ihre einfache und regelmäßige Bildung ohne Schwierigkeiten eindeutig bestimmen lassen: Perfektstammauslaute -v- bzw. -t- treten unmittelbar an den Präsensstamm, z. B. amā-v-, audī-t-.
2. Die meisten Verben der 2. Konjugation bilden ihre Stammformen wie moneō: diese Stammformen sind ↗ 235 nicht aufgeführt.
3. Zu den Stammformen der Deponentien und Semideponentien ↗ **90**.

---

[1] in der 1. Konjugation muß die Kontraktion rückgängig gemacht werden: -ō < ā-ō (↗ L12)
[2] in der 2. und 4. Konj. muß die Kürzung rückgängig gemacht werden (↗ L7)

Die Bildung der finiten Verbformen

78 Tempus- und Modussuffixe des Präsensstammes

vor den Suffixen	Tempus- u. Modus-suffixe	Grammatische Bedeutung	nach den Suf-fixen
Präsens-stamm	∅[1](e,i,u)[2] ā[3] b(e,i,u)[2] (ē)bā[3,4] ē[3] (e)[2]rē[3]	Ind.Präs.; Imp. Konj.Präs.2.3.4.[5]; Fut. I 3.4.[5] (1.Sing.) Fut. I 1.2.[5] Ind. Imperf. Fut. I 3.4.[5]; Konj.Präs. 1.[5,6] Konj. Imperf.	Perso-nal-endung

[1] Zum Symbol ∅ ↗ **12, 2**.
[2] Interfixe (↗ **71, 4.**).
[3] Zur möglichen Vokalkürzung ↗ L7, 8, 9.
[4] bā in der 1./2., ēbā in der 3./4. Konjugation.
[5] Die arab. Ziffern beziehen sich auf die Konjugationen.
[6] Mit dem Stammauslaut kontrahiert (ē < ā-ē, ↗ L12).

79 Tempus- und Modussuffixe des Perfekt-Aktiv-Stammes

vor den Suffixen	Tempus- und Modussuffixe	grammatische Bedeutung	nach den Suffixen
Perfekt-Aktiv-Stamm	∅[1] er erĭ erā[2] issē[2]	Ind.Perf.Akt. Fut. II Akt. (1. Sing.) Fut. II Akt.[3]; Konj.Perf.Akt.[3] Ind.Plusquamperf.Akt. Konj.Plusquamperf.Akt.	Perso-nal endung

[1] Zum Symbol ∅ ↗ **12 2**.
[2] Zur möglichen Vokalkürzung ↗ L7, 8, 9).
[3] Beachte die Formengleichheit von Futur II und Konj.Perf. ab 2. Pers.Sing.

80 Formen der Perfekt-Passiv-Gruppe (↗ **69, 76**)

Bestandteile der Verbformen		grammatische Bedeutung
Partizip Perfekt Passiv[1,2]	**sum**[3] usw. **eram**[3] usw. **erō**[3] usw. **sim**[3] usw. **essem**[3] usw.	Ind. Perf. Pass. Ind. Plusquamperf. Pass. Futur II Passiv Konj. Perf. Pass. Konj. Plusquamperf. Pass.

[1] Zur Bildung des Partizip Perfekt Passiv ↗ **83, 2**.
[2] Das Partizip Perfekt Passiv richtet sich nach dem Subjekt in Kasus, Genus und Numerus (z. B. filius amātus est, filiae amātae sunt), während es im Dt. unverändert bleibt (in beiden Beispielen ... ge-liebt worden).
[3] Zu den Formen von sum ↗ **92**.

Verb: Bildung der finiten Verbformen   41

81 Personalendungen aller Tempusstämme

Person und Numerus	Aktiv			Passiv/Deponens	
	Ind./Konj. (außer Ind.Perf.)	Ind. Perf.	Imp.	Ind./Konj. des Präs.-Stammes	Imp.
1. Sing.	-ō/-m	-ī	–	-or/-r	–
2. Sing.	-s	-istī	-∅/-e[1]	-ris	-re
			-tō[2]	-re[3]	-tor[2]
3. Sing.	-t	-it	-tō[2]	-tur	-tor[2]
1. Plur.	-mus	-imus	–	-mur	–
2. Plur.	-tis	-istis	-te	-minī	-minī
			-tōte[2]		
3. Plur.	-nt	-ērunt -ēr[4]	-ntō[2]	-ntur	-ntor[2]

[1] -∅ (↗ 12, 2.) in der 1., 2., 4., -e in der 3. Konjugation (Ausnahmen: -∅ auch bei dīc, dūc, fac, fer).
[2] Sogenannter Imperativ Futur, zum Gebrauch ↗ 130, 2.).
[3] ↗82,2   [4] Nebenform

Die Bildung der infiniten Verbformen

82 Infinitive

1. Infinitiv Präsens Aktiv:

Präsensstamm (↗ 70) + Suffix -re.

Beispiele: amā-re, mone-re, col-e-re, cap-e-re (bei beiden letzten Interfix, ↗ 71, 4.), audi-re.

2. Infinitiv Präsens Passiv :

Präsensstamm (↗ 70) + Suffix -rī in der 1., 2. und 4. Konjugation, Suffix -ī in der 3. Konjugation.

Beispiele: amā-rī, monē-rī, audī-rī; col-ī, cap-ī.

Dichterisches Nebensuffix ist -(r)ier, z. B. amā-rier, ag-ier.

3. Infinitiv Perfekt Aktiv:

Perfekt-Aktiv-Stamm (↗ 73) + Suffix -isse.

Beispiele: amāv-isse, monu-isse, colu-isse, cēp-isse, audīv-isse.

4. Infinitiv Perfekt Passiv:

Partizip Perfekt Passiv (↗ 83, 2.) + esse.

Beispiele: amāt-um/-am/-um[1] esse, monitum[1] esse, cultum[1] esse, pulsum[1] esse, audītum[1] esse.

5. Infinitiv Futur Aktiv: Partizip Futur Aktiv (↗ 83, 3.) + esse[2].

Beispiele: amātūr-um/-am/-um[1] esse, monitūrum[1] esse, cultūrum[1] esse, pulsūrum[1] esse, audītūrum[1] esse.

6. Infinitiv Futur Passiv: Supinum auf -um (↗ 85) – īrī (Infinitiv Präsens Passiv von eō, ↗ 96).

Beispiele: amātum īrī, monitum īrī, cultum īrī, pulsum īrī, auditum īrī.

83 Partizipien

1. Partizip Präsens Aktiv:

Präsensstamm (↗ 70) (+ Interfix, ↗ 71, 4.) + Suffix **nt** + Kasusendungen der 3. Deklination (↗ 41, 2.).

Beispiele: (ama-nt-s >) amā -ns[3], gen. ama-nt-is[4];
(mone-nt-s >) monē-ns[3], Gen. mone-nt-is[4];
(col-e-nt-s >) col-ē-ns[3,5], Gen. col-e-nt-is;
(capi-e-nt-s >) capi-ē-ns[3,5], Gen. capi-e-nt-is;
(audi-e-nt-s >) audi-ē-ns[6,3,5], Gen. audi-e-nt-is[6]

---

[1] Beim Infinitiv Perfekt Passiv und Futur Aktiv wird der partizipiale Bestandteil gewöhnlich im Akk. (Sing. m, f, n oder nur m) aufgeführt.

[2] Der Bestandteil esse wird häufig weggelassen.

[3] ts > s (↗ L18);

[4] Vokalkürzung (↗ L9);

[5] Vokaldehnung (↗ L10);

[6] Vokalkürzung (↗ L7).

Verb: Bildung der infiniten Verbformen   43

2. Partizip Perfekt Passiv :
Perfekt-Passiv-Stamm (↗ **75**) + Kasusendungen der 1./2. Deklination
(↗ **41, 1.**).
Beispiele: amāt-us/-a/-um, monit-us, cult-us, puls-us, audīt-us.
3. Partizip Futur Aktiv:
Perfekt-Passiv-Stamm (↗ **75**) + Suffix **ūr** + Kasusendungen der 1./2. Deklination (↗ **41, 1.**).
Beispiele: amāt-ūr-us/-a/-um, monit-ūr-us, cult-ūr-us, puls-ūr-us, audīt-ūr-us.

84 nd-Formen

Präsensstamm (↗ **70**) (+ Interfix, ↗ **71, 4.**) + Suffix **nd** + Kasusendung.
1. Substantivische nd-Form (Gerundium): An das Suffix nd treten die Endungen der obliquen Kasus der 2. Deklination im Sing. (↗ **19**).
Beispiele:
ama-nd-ī[7], ama-nd-ō[7], ama-nd-um[7], ama-nd-ō[7];
mone-nd-ī[7], col-e-nd-ī, capi-e-nd-ī, audi-e-nd-ī[8].
2. Adjektivische nd-Form (Gerundivum): An das Suffix nd treten die Kasusendungen der 1./2. Deklination (↗ **41, 1.**).
Beispiele:
ama-nd-us/-a/-um[7], mone-nd-us[7], col-e-nd-us, capi-e-nd-us, audi-e-nd-us[8].
Als Interfix kommt statt e selten auch u vor: ag-u-nd-i, audi-u-nd-us.

85 Supinum

Nach dem Suffix, das an den Perfekt-Passiv-Stamm (↗ **75**) tritt, unterscheiden wir:
1. Supinum auf -**um** (Supinum I). Beispiele:
amāt-um, monit-um, cult-um, puls-um, audīt-um.
2. Supinum auf -**ū** (Supinum II). Beispiele:
amāt-ū, monit-ū, cult-ū, puls-ū, audīt-ū.

---

[7] Vokalkürzung (↗ L9);
[8] Vokalkürzung (↗ L7);

86 Paradigmen

Aktivformen des Präsensstammes (mit ...

		1. Konjugation Stamm: **amā-**			2. Konjugation Stamm: **monē-**
Indikativ	**Präsens**	amō (< ā-ō, ↗L12) amā-**s** ama-**t** amā-**mus** amā-**tis** ama-**nt**	*ich liebe* *du liebst* *er/sie/es liebt* *wir lieben* *ihr liebt* *sie lieben*		mone-**ō** monē-**s** mone-**t** monē-**mus** monē-**tis** mone-**nt**
	Imperfekt	amā-**ba**-m amā-**bā**-s amā-**ba**-t amā-**bā**-mus amā-**bā**-tis amā-**ba**-nt	*ich liebte* *du liebtest* *er/sie/es liebte* *wir liebten* *ihr liebtet* *sie liebten*		monē-**ba**-m monē-**bā**-s monē-**ba**-t monē-**bā**-mus monē-**bā**-tis monē-**ba**-nt
	Futur I	amā-**b**-ō amā-**b**-i-s amā-**b**-i-t amā-**b**-i-mus amā-**b**-i-tis amā-**b**-u-nt	*ich werde lieben* *du wirst lieben* *er/sie/es wird lieben* *wir werden lieben* *ihr werdet lieben* *sie werden lieben*		monē-**b**-ō monē-**b**-i-s monē-**b**-i-t monē-**b**-i-mus monē-**b**-i-tis monē-**b**-u-nt
Konjunktiv	**Präsens**	ame-**m** (< ā-**e-m**, ↗L12) amē-**s** ame-**t** amē-**mus** amē-**tis** ame-**nt**	*ich möge/soll/könnte* *lieben usw.; cum amem* *da ich liebe* usw.; 1. Pl. auch: *lieben wir!* weiteres ↗ **186−193**		mone-**a**-m mone-**ā**-s mone-**a**-t mone-**ā**-mus mone-**ā**-tis mone-**a**-nt
	Imperfekt	amā-**re**-m amā-**rē**-s amā-**re**-t amā-**rē**-mus amā-**rē**-tis amā-**re**-nt	*ich würde lieben* usw.; cum amarem *da ich* *liebte* usw. weiteres ↗ **186−193**		monē-**re**-m monē-**rē**-s monē-**re**-t monē-**rē**-mus monē-**rē**-tis monē-**re**-nt
	Imperativ	amā *liebe!* amā-tō amā-**te** *liebt!* amā-tōte ama-ntō	*du sollst/er soll lieben* *ihr sollt lieben* *sie sollen lieben*		monē monē-tō monē-**te** monē-tōte mone-ntō

Inf.	Präs.	amā-**re**	*(zu) lieben*	monē-**re**
	Fut.	amāt-**ūr**-um/-am/-um (esse) (zukünft.) *lieben*		monit-**ūr**-um (esse)

Part.	Präs.	amā-**ns**, Gen. ama-**nt**-is	*liebend*	monē-**ns**, -e-**nt**-is
	Fut.	amāt-**ūr**-us/-a/-um	*einer, der lieben wird*	monit-**ūr**-us

nd-F. (subst.)	ama-**nd**-ī usw. (↗ **84, 1.**)	*des Liebens, zu lieben*	mone-**nd**-ī
+ Supinum	amāt-**um** *um zu lieben* amāt-**ū** *zu lieben*		monit-**um** monit-**ū**

Verb: Paradigmen

Partizip und Infinitiv Futur Aktiv sowie Supinum)

Konjugation amm: col-	Stämme: cap-, capi-	4. Konjugation Stamm: audī-
l-ō	capi-ō	audi-ō
l-i-s	cap-i-s	audī-s
l-i-t	cap-i-t	audi-t
-i-mus	cap-i-mus	audī-mus
-i-tis	cap-i-tis	audī-tis
l-u-nt	capi-u-nt	audi-u-nt
-ēba-m	capi-ēba-m	audi-ēba-m
-ēbā-s	capi-ēbā-s	audi-ēbā-s
-ēba-t	capi-ēba-t	audi-ēba-t
-ēbā-mus	capi-ēbā-mus	audi-ēbā-mus
-ēbā-tis	capi-ēbā-tis	audi-ēbā-tis
-ēba-nt	capi-ēba-nt	audi-ēba-nt
-a-m	capi-a-m	audi-a-m
-ē-s	capi-ē-s	audi-ē-s
-e-t	capi-e-t	audi-e-t
-ē-mus	capi-ē-mus	audi-ē-mus
-ē-tis	capi-ē-tis	audi-ē-tis
-e-nt	capi-e-nt	audi-e-nt
-a-m	capi-a-m	audi-a-m
-ā-s	capi-ā-s	audi-ā-s
-a-t	capi-a-t	audi-a-t
-ā-mus	capi-ā-mus	audi-ā-mus
-ā-tis	capi-ā-tis	audi-ā-tis
-a-nt	capi-a-nt	audi-a-nt
-e-re-m	cape-re-m	audī-re-m
-e-rē-s	cape-rē-s	audī-rē-s
-e-re-t	cape-re-t	audī-re-t
-e-rē-mus	cape-rē-mus	audī-rē-mus
-e-rē-tis	cape-rē-tis	audī-rē-tis
-e-re-nt	cape-re-nt	audī-re-nt
-e col-i-tō	cap-e cap-i-tō	audī audī-tō
-i-te col-i-tōte	cap-i-te cap-i-tōte	audī-te audī-tōte
col-u-ntō	capi-u-ntō	audi-u-ntō
-e-re	cap-e-re	audī-re
t-ūr-um (esse)	capt-ūr-um (esse)	audīt-ūr-um (esse)
-ē-ns, -e-nt-is	capi-ē-ns, -e-nt-is	audi-ē-ns, -e-nt-is
-ūr-us	capt-ūr-us	audīt-ūr-us
e-nd-ī	capi-e-nd-ī	audi-e-nd-ī
-um cult-ū	capt-um capt-ū	audīt-um audīt-ū

46 Formenlehre

87 Passivformen des Präsensstammes (mit ...

		1. Konjugation Stamm: **amā-**		2. Konjugation Stamm: **monē-**
Indikativ	**Präsens**	amor (< ā-**or**, ↗ L12) amā-**ris** amā-**tur** amā-**mur** amā-**minī** ama-**ntur**	*ich werde geliebt* *du wirst geliebt* *er/sie/es wird geliebt* *wir werden geliebt* *ihr werdet geliebt* *sie werden geliebt*	mone-**or** monē-**ris** mone͞-**tur** monē-**mur** monē-**mini** mone-**ntur**
	Imperfekt	amā-**ba**-r amā-**bā**-ris amā-**bā**-tur amā-**bā**-mur amā-**bā**-minī amā-**ba**-ntur	*ich wurde geliebt* *du wurdest geliebt* *er/sie/es wurde geliebt* *wir wurden geliebt* *ihr wurdet geliebt* *sie wurden geliebt*	monē-**ba**-r monē-**bā**-ris monē-**bā**-tur monē-**bā**-mur monē-**bā**-minī monē-**ba**-ntur
	Futur I	amā-**b**-ǫr amā-**b**-e-ris amā-**b**-i-tur amā-**b**-i-mur amā-**b**-i-minī amā-**b**-u-ntur	*ich werde geliebt werden* *du wirst geliebt werden* *er/sie/es wird geliebt werden* *wir werden geliebt werden* *ihr werdet geliebt werden* *sie werden geliebt werden*	monē-**b**-or monē-**b**-e-ris monē-**b**-i-tur monē-**b**-i-mur monē-**b**-i-minī monē-**b**-u-ntur
Konjunktiv	**Präsens**	am**er** (< ā-**e-r**, ↗ L12) amē-**ris** amē-**tur** amē-**mur** amē-**minī** ame-**ntur**	*ich möge/soll/könnte* *geliebt werden usw.;* *cum amer da ich geliebt* *werde usw.;* weiteres ↗ **186–193**	mone-**a-r** mone-**ā-ris** mone-**ā-tur** mone-**ā-mur** mone-**ā-minī** mone-**a**-ntur
	Imperfekt	amā-**re**-r amā-**rē**-ris amā-**rē**-tur amā-**rē**-mur amā-**rē**-minī amā-**re**-ntur	*ich würde geliebt* *(werden) usw.;* *cum amārer da ich geliebt* *wurde usw.;* weiteres ↗ **186–193**	monē-**re**-r monē-**rē**-ris monē-**rē**-tur monē-**rē**-mur monē-**rē**-minī monē-**re**-ntur
Inf.	**Präs.**	amā-**rī**	*geliebt (zu) werden*	monē-**rī**
	Fut.	amāt-**ūm īrī**	*(zukünftig) geliebt werden*	monit-**ūm īrī**
nd-Form (adjekt.)		ama-**nd**-us/-a/-um	*(ein) zu lobend(er)*	mone-**nd**-us

Verb: Paradigmen 47

nfinitiv Futur Passiv)

Konjugation mm: col-	Stämme: cap-, capi-	4. Konjugation Stamm: audī-
-or	capi-or	audi-or
-e-ris	cap-e-ris	audī-ris
-i-tur	cap-i-tur	audī-tur
-i-mur	cap-i-mur	audī-mur
-i-minī	cap-i-minī	audī-minī
-u-ntur	capi-u-ntur	audi-u-ntur
-ēba-r	capi-ēba-r	audi-ēba-r
-ēbā-ris	capi-ēbā-ris	audi-ēbā-ris
-ēbā-tur	capi-ēbā-tur	audi-ēbā-tur
-ēbā-mur	capi-ēbā-mur	audi-ēbā-mur
-ēbā-minī	capi-ēbā-minī	audi-ēbā-minī
-ēba-ntur	capi-ēba-ntur	audi-ēba-ntur
-a-r	capi-a-r	audi-a-r
-ē-ris	capi-ē-ris	audi-ē-ris
-ē-tur	capi-ē-tur	audi-ē-tur
-ē-mur	capi-ē-mur	audi-ē-mur
-ē-minī	capi-ē-minī	audi-ē-minī
-e-ntur	capi-e-ntur	audi-e-ntur
-a-r	capi-a-r	audi-a-r
-ā-ris	capi-ā-ris	audi-ā-ris
-ā-tur	capi-ā-tur	audi-ā-tur
-ā-mur	capi-ā-mur	audi-ā-mur
-ā-minī	capi-ā-minī	audi-ā-minī
-a-ntur	capi-a-ntur	audi-a-ntur
e-re-r	cap-e-re-r	audī-re-r
e-rē-ris	cap-e-rē-ris	audī-rē-ris
e-rē-tur	cap-e-rē-tur	audī-rē-tur
e-rē-mur	cap-e-rē-mur	audī-rē-mur
e-rē-minī	cap-e-rē-minī	audī-rē-minī
e-re-ntur	cap-e-re-ntur	audī-re-ntur
ī	cap-ī	audī-rī
-um īrī	capt-um īrī	audit-um īrī
e-nd-us	capi-e-nd-us	audi-e-nd-us

48 Formenlehre

88 Formen des Perfekt-Aktiv-Stammes (wegen der für alle Verben gleichen For-
menbildung genügt ein Beispiel)

	Stamm: **amāv-**			
	Indikativ		Konjunktiv	
Perfekt Aktiv	amāv-ī	*ich habe geliebt, liebte*	amāv-**eri**-m	*ich könnte*
	amāv-**istī**	*du hast geliebt, liebtest*	amāv-**eri**-s	*lieben usw.;*
	amāv-**it**	*er, sie, es hat geliebt, liebe*	amāv-**eri**-t	*cum amāverim*
	amāv-**imus**	*wir haben geliebt, liebten*	amāv-**eri**-mus	*da ich geliebt*
	amāv-**istis**	*ihr habt geliebt, liebtet*	amāv-**eri**-tis	*habe usw.*
	amāv-**ērunt**	*sie haben geliebt, liebten*	amāv-**eri**-nt	weiteres
				↗ **186-193**
Plusquamperfekt Aktiv	amāv-**era**-m	*ich hatte geliebt*	amāv-**isse**-m	*ich hätte*
	amāv-**erā**-s	*du hattest geliebt*	amāv-**issē**-s	*geliebt usw.;*
	amāv-**era**-t	*er, sie es hatte geliebt*	amāv-**isse**-t	*cum avissem*
	amāv-**erā**-mus	*wir hatten geliebt*	amāv-**issē**-mus	*da ich geliebt*
	amāv-**erā**-tis	*ihr hattet geliebt*	amāv-**issē**-tis	*hatte usw.*
	amāv-**era**-nt	*sie hatten geliebt*	amāv-**isse**-nt	weiteres
				↗ **186-193**
Futur II Aktiv	amāv-**er**-ō	*ich werde geliebt haben*		
	amāv-**eri**-s	*du wirst geliebt haben*		
	amāv-**eri**-t	*er, sie, es wird geliebt haben*		
	amāv-**eri**-mus	*wir werden geliebt haben*		
	amāv-**eri**-tis	*ihr werdet geliebt haben*		
	amāv-**eri**-nt	*sie werden geliebt haben*		
		weiteres		
		↗ **180,3; 181**		
Inf. Perf. Aktiv	amāv-**isse**	*geliebt (zu) haben*		

Verb: Paradigmen   49

89 Formen der Perfekt-Passiv-Gruppe (↗ 80; wegen der für alle Verben gleichen Formbildung genügt ein Beispiel)

	Stamm: **amāt-**		
	Indikativ	Konjunktiv	

<table>
<tr><td rowspan="2" style="writing-mode: vertical-lr">Perfekt Passiv</td>
<td>amāt-us,
-a,
-um</td>
<td>{ sum
  es
  est</td>
<td>ich bin geliebt
worden, wurde
geliebt usw.</td>
<td>amāt-us,
-a-
-um</td>
<td>{ sim
  sīs
  sit</td>
<td>ich sei geliebt
werden usw.;
cum amātus sim</td></tr>
<tr>
<td>amāt-ī,
-ae,
-a</td>
<td>{ sumus
  estis
  sunt</td>
<td>wir sind geliebt
worden, wurden
geliebt usw.</td>
<td>amāt-ī,
-ae,
-a</td>
<td>{ sīmus
  sītis
  sint</td>
<td>da ich geliebt
worden bin usw.
weiteres
↗ 186-193</td></tr>
</table>

	Stamm: amāt-					

Plusquamperfekt Passiv	amāt-us,
	-a,
	-um
		{ **eram**
		  erās
		  erat
			*ich war geliebt
			worden usw.*
				amāt-us,
				-a-
				-um
					{ **essem**
					  essēs
					  esset
						*ich wäre
						geliebt worden
						usw.;*

	amāt-ī,
	-ae,
	-um
		{ **erāmus**
		  erātis
		  erant
			*wir waren
			geliebt worden
			usw.*
				amāt-ī,
				-ae,
				-a
					{ **essēmus**
					  essētis
					  essent
						cum amātus es-
						sem *da ich geliebt
						worden war usw.*
						weiteres
						↗ **186-193**

Futur II Passiv	amāt-us,
	-a,
	-um
		{ **erō**
		  eris
		  erit
			*ich werde
			geliebt
			worden sein usw.*			

	amāt-ī,
	-ae,
	-a
		{ **erimus**
		  eritis
		  erunt
			*wir werden
			geliebt worden
			sein usw.*
			weiteres
			↗ **180,3; 191**			

f. **s.**	amāt-**um**-, -**am**, -**um** esse	*geliebt worden (zu) sein*

t. **f.** **s.**	amāt-**us**, -**a**, -**um**	*geliebt*

90 Deponentien und Semideponentien

Formen des Präsensstammes (mit ...

		1. Konjugation Stamm: **cōnā-**		2. Konjugation Stamm: **verē-**
Indikativ	**Prä- sens**	cōnor (< ā-**or**, ↗ L 12) cōnā-**ris**	*ich versuche* *du versuchst*	verē-**or** verē-**ris**
	Imper- fekt	cōnā-**ba**-r cōnā-**bā**-ris	*ich versuchte* *du versuchtest*	verē-**ba**-r verē-**bā**-ris
	Futur I	cōnā-**b**-or cōnā-**b**-e-ris	*ich werde versuchen* *du wirst versuchen*	verē-**b**-or verē-**b**-e-ris
Konjunktiv	**Prä- sens**	cōne-r (< ā-e-r, ↗ L 12) cōnē-ris	*ich möge, soll, könnte versuchen*	verē-**a**-r verē-**ā**-ris
	Imper- fekt	cōnā-**re**-r cōnā-**rē**-ris	*ich würde versuchen usw.*	verē-**re**-r verē-**re**-ris
	Impe- rativ	cōnā-**re** *versuche!* cōnā-**minī** *versucht!*	conā-tor *du sollst, er soll,* cona-ntor *sie sollen versuchen*	verē-**re** verē-t verē-**minī** vere-r
Infin.	**Präs.**	cōnā-**rī**	*(zu) versuchen*	verē-**rī**
	Fut.	cōnāt-**ūr**-um (esse)	*(zukünftig) versuchen*	verit-**ūr**-um (ess
Part.	**Präs.**	cōnā-**ns**, Gen. cōna-**nt**-is	*versuchend*	verē-**ns**, -**ent**-is
	Fut.	cōnāt-**ūr**-us	*einer, der versuchen wird*	verit-**ūr**-us
nd-F. (subst.)		cōna-**nd**-ī usw.	*des Versuchens, zu versuchen*	vere-**nd**-ī
nd-F. (adj.)		cōna-**nd**-us	*(ein) zu versuchen(der)*	vere-**nd**-us
Supinum		cōnāt-**um** *um zu versuchen* cōnāt-**ū** *zu versuchen*		verit-**um** verit-

Formen des ...

		Stamm: **cōnāt-**		Stamm: **verit-**
Indikativ	**Per- fekt**	cōnāt-**us sum** cōnāt-**ī sumus**	*ich habe versucht* *wir haben versucht*	verit-**us sum** verit-**i sumus**
	Plqpf.	cōnāt-**us eram**	*ich hatte versucht*	verit-**us eram**
	Futur II	cōnāt-**us erō**	*ich werde versucht haben*	verit-**us erō**
Konjunktiv	**Perfekt**	cōnāt-**us sim**	*ich könnte versuchen*	verit-**us sim**
	Plqpf.	cōnāt-**us essem**	*ich hätte versucht*	verit-**us essem**
Inf. Perf.		cōnāt-**um esse**	*versucht (zu) haben*	verit-**um esse**
Part. Perf.		cōnāt-**us**	*einer, der versucht hat*	verit-**us**

Verb: Deponentien und Semideponentien   51

Partizip und Infinitiv Futur Aktiv sowie Supinum)

Konjugation amm: ūt-		Stämme: pat-, pati-		4. Konjugation Stamm: partī-	
or		pati-or		parti-or	
e-ris		pat-e-ris		partī-ris	
ēba-r		pati-ēba-r		parti-ēba-r	
ēbā-ris		pati-ēbā-ris		parti-ēbā-ris	
a-r		pati-a-r		parti-a-r	
ē-ris		pati-ē-ris		parti-ē-ris	
a-r		pati-a-r		parti-a-r	
ā-ris		pati-ā-ris		parti-ā-ris	
e-re-r		pat-e-re-r		partī-re-r	
e-rē-ris		pat-e-rē-ris		partī-rē-ris	
e-re	ūt-i-tor	pat-e-re	pati-tor	parti-re	parti-tor
i-minī	ūt-u-ntor	pat-i-minī	pati-u-ntor	parti-minī	parti-u-ntor
i		pat-ī		parti-rī	
ūr-um (esse)		pass-ūr-um (esse)		partit-ūr-um (esse)	
ē-ns, -e-nt-is		pati-ē-ns, -e-nt-is		parti-ē-ns, -e-nt-is	
ūr-us		pass-ūr-us		partit-ūr-us	
e-nd-ī		pati-e-nd-ī		parti-e-nd-ī	
e-nd-us		pati-e-nd-us		parti-e-nd-us	
m	ūs-ū	pass-um	pass-ū	partit-um	partit-ū

erfektstammes

nm: ūs-	Stamm: pass-	Stamm: partīt-
s sum sumus	pass-us sum pass-ī sumus	partit-us sum partit-ī sumus
s eram	pass-us eram	partit-us eram
s erō	pass-us erō	partit-us erō
s sim	pass-us sim	partit-us sim
s essem	pass-us essem	partit-us essem
m esse	pass-um esse	partit-um esse
s	pass-us	partit-us

52   Formenlehre

Allgemeines

1. Deponentien (Sing.: das Deponens) sind Verben mit **passiver Form**, aber **aktiver Bedeutung**.

Nach Auffassung der antiken Grammatiker sind verba dēpōnentia „(die passive Bedeutung bzw. aktive Form) ablegende Verben"; historisch gesehen handelt es sich um Reste des Mediums, eines indoeuropäischen Genus verbi, das noch im Gr. erhalten ist. Vgl. auch im Russ. die aktive Übersetzung von Verben mit dem Morphem -ся, z. B. надеяться hoffen.

Beachte: Die Deponentien haben einige aktive Formen:
a) Partizip Präsens, z. B.: hortāns, Gen. hortantis;
b) Partizip Futur, z. B.: hortātūrus, a, um;
c) Infinitiv Futur, z. B.: hortātūrum, am, um (esse);
d) nd-Formen, z. B. Gen. der substantivischen nd-Form (Gerundium): hortandī.

[D] Die adjektivische nd-Form (Gerundivum) kann – in Verbindung mit sum – auch bei den Deponentien passivisch übersetzt werden:
Puer hortandus est. *Der Junge muß ermahnt werden.*
e) Supinum, z. B.: hortātum, hortātū.
Stammformen gibt es bei den Deponentien, da ein Perfekt-Aktiv-Stamm fehlt, nur zwei:
a) 1. Pers. Sing. Ind. Präs.
b) 1. Pers. Sing. Ind. Perf.
Beispiel: hortor, hortātus sum 1 *ermahnen.*

2. Semi- oder Halbdeponentien sind eine kleine Gruppe von Verben, die entweder nur im Perfektstamm oder nur im Präsensstamm passive Formen mit aktiver Bedeutung aufweisen, z. B.:
audeō, ausus sum 2 *wagen*
revertor, revertī 3 *zurückkehren*

91 Paradigmen der Deponentien ↗ S. 50/51.

Verb: Unregelmäßige Verben   53

Unregelmäßige Verben

92 sum (Infinitiv **esse**), **fuī** *sein*

Formen des Präsensstammes (mit Inf. und Part. Fut.)

	Stamm **(e)s-**			
	Indikativ		Konjunktiv	
Präsens	**s-u-m**	*ich bin*	**s-i-m**	*ich sei, möge, könnte*
	es	*du bist*	**s-ī-s**	*sein* usw.;
	es-t	*er, sie es ist*	**s-i-t**	cum sim *da ich bin* usw.
	s-u-mus	*wir sind*	**s-ī-mus**	weiteres
	es-tis	*ihr seid*	**s-ī-tis**	↗ **186-193**
	s-u-nt	*sie sind*	**s-i-nt**	
Imperfekt	er-a-m	*ich war*	**es-se-m**[1]	*ich wäre* usw.;
	er-ā-s	*du warst*	es-sē-s	cum essem *da ich war*
	er-a-t	*er, sie, es war*	es-sē-t	usw.
	er-ā-mus	*wir waren*	es-sē-mus	weiteres
	er-ā-tis	*ihr wart*	es-sē-tis	↗ **186-193**
	er-a-nt	*sie waren*	es-se-nt	
Futur I	**er-**ō	*ich werde sein*		
	er-i-s	*du wirst sein*		
	er-i-t	*er, sie, es wird sein*		
	er-i-mus	*wir werden sein*		
	er-i-tis	*ihr werdet sein*		
	er-u-nt	*sie werden sein*		
Impe-rativ	es	*sei!*	es-tō	*du sollst, er soll sein*
	es-**te**	*seid!*	es-tōte	*ihr sollt sein*
			s-u-ntō	*sie sollen sein*
Inf. Pr.	**es-se**	*(zu) sein*		
Inf. Fut.	**futūr-um esse** oder **fore**	*(zukünftig) sein*		
Part. Fut.	**futūr-us**	*einer, der sein wird; zukünftig*		

[1] auch **forem, forēs** usw.

Anmerkungen

Der Präsensstamm ist es-; er erscheint vor Vokalen als -er (↗ L14) und kommt auch in der Schwundstufe s- (↗ L2; vgl. dt. is-t mit s-ind) vor, mit der die Personalendungen im Indikativ Präsens durch das Interfix (↗ **71,4.**) u verbunden sind. Zur 2. Pers.Sing. Ind.Präs. ↗ L24. Im Infinitiv Präsens und Konjunktiv Imperfekt haben sich die ursprünglichen Suffixe se bzw. sē erhalten, die bei den regelmäßigen Verben zu re bzw. rē (↗ L14) wurden. Im Indikativ

Imperfekt tritt an die Stammvariante er- das Tempussuffix ā, im Futur I das Suffix Ø (ab 2. Pers.Sing. die bekannten Interfixe, ↗ **71,4.**), im Konjunktiv Präsens an die Variante s- das Modussuffix ī.
Die Perfektformen werden von einem zweiten, nichtformverwandten Stamm fu- gebildet.

Formen des Perfektstammes

	Stamm: **fu-**		
	Indikativ		Konjunktiv
Perfekt	fu-ī fu-**istī**	*ich bin gewesen* *du bist gewesen* usw., ↗ **88**	fu-**eri**-m *ich könnte sein* usw.; fu-eri-s cum fuerim *da ich* *gewesen bin* usw. weiteres ↗ **186-193**
Plusquam- perfekt	fu-**era**-m fu-erā-s	*ich war gewesen* *du warst gewesen* usw., ↗ **88**	fu-**isse**-m *ich wäre gewesen* usw.; fu-issē-s cum fuïssem *da ich* *gewesen war* usw. weiteres ↗ **186-193**
Futur II	fu-**er**-ō fu-**eri**-s	*ich werde gewesen sein* *du wirst gewesen sein* usw., ↗ **88**	
Inf. Perf.	fu-**isse**	*gewesen (zu) sein* usw., ↗ **88**	

Verb: Unregelmäßige Verben 55

93 prōsum und possum

1. **prōsum** (Infinitiv prōdesse), prōfuī *nützen*
Zusammensetzung von prō(d) „für" und sum: *(für jmdn. sein:) nützen.*
Die ursprüngliche Form **prōd-** ist **vor e** erhalten, vor Konsonant erscheint prō-.
Prō-fuī wird konjugiert wie fuī (↗ **92).**

2. **possum** (Infinitiv **posse**), **pot**uī *können*
Zusammensetzung von pot- „*mächtig, imstande*" und sum: *(mächtig, imstande sein:) können.*
Pot- ist **vor e** erhalten, vor s assimiliert (↗ L18). Possem und posse sind nach possim gebildet,
Perfekt potu-ī von einem alten Verb poteō 2 (vgl. potēns *mächtig*, eigentlich Partizip Präsens Aktiv „*könnend*") wie monu-ī zu mone-ō (↗ **77).**

Formen des Präsensstammes

	Indikativ	Konjunktiv	Indikativ	Konjunktiv
Präsens	prō-**sum** prōd-**es** prōd-**est** prō-**sumus** prōd-**estis** prō-**sunt**	prō-**sim** prō-**sīs** prō-**sit** prō-**simus** prō-**sītis** prō-**sint**	pos-**sum** pot-**es** pot-**est** pos-**sumus** pot-**estis** pos-**sunt**	pos-**sim** pos-**sīs** pos-**sit** pos-**sīmus** pos-**sītis** pos-**sint**
Imperfekt	prōd-**eram** prōd-**erās** prōd-**erat** prōd-**erāmus** prōd-**erātis** prōd-**erant**	prōd-**essem** prōd-**essēs** prōd-**esset** prōd-**essēmus** prōd-**essētis** prōd-**essent**	pot-**eram** pot-**erās** pot-**erat** pot-**erāmus** pot-**erātis** pot-**erant**	**possem** **possēs** **posset** **possēmus** **possētis** **possent**
Futur I	prōd-**erō** prōd-**eris** prōd-**erit** prōd-**erimus** prōd-**eritis** prōd-**erunt**		pot-**erō** pot-**eris** pot-**erit** pot-**erimus** pot-**eritis** pot-**erunt**	
Imperativ	prōd-**es** prōd-**este**			
Infinitiv	prōd-**esse**		**posse**	

94 ferō (Infinitiv ferre), tulī, lātus *(er)tragen, bringen*

Im Präsensstamm fehlen vor den Morphemen, die mit r, s, t beginnen, die Interfixe (↗ 71,4). Der Imperativ fer hat die Endung -∅ (↗ 81, Anm. 1). Der Infinitiv Präsens Passiv ferrī ist dem Infinitiv Präsens Aktiv ferre nachgebildet. Ein Rest der ursprünglichen Reduplikation im Perfekt-Aktiv-Stamm ist rettulī (< re-tetul-ī).
Bei der Verbindung von ferō mit Präfixen treten vielfach Assimilationen auf (↗ 99), z. B. Präfix ad- > af-ferō, at-tulī, al-lātus.

Formen des Präsensstammes

	Stamm: **fer-**			
	Aktiv		**Passiv**	
	Indikativ	Konjunktiv	Indikativ	Konjunktiv
Präsens	fer-**ō** fer-**s** fer-**t** fer-i-**mus** fer-**tis** fer-u-**nt**	fer-a-m fer-ā-s fer-a-t fer-ā-mus fer-ā-tis fer-a-nt	fer-**or** fer-**ris** fer-**tur** fer-i-**mur** fer-i-**minī** fer-u-**ntur**	fer-a-r fer-ā-ris fer-ā-tur fer-ā-mur fer-ā-minī fer-a-ntur
Imperfekt	fer-**ēba**-m fer-**ēbā**-s usw.	**fer-re**-m fer-**rē**-s usw.	fer-**ēba**-r fer-**ēbā**-ris usw.	**fer-re**-r fer-**rē**-ris usw.
Futur I	fer-a-m fer-**ē**-s usw.		fer-a-r fer-**ē**-ris usw.	
Imperativ	**fer** **fer-te**	**fer-tō** fer-tōte fer-u-ntō		
Inf.	**fer-re**		**fer-rī**	
Part.	fer-**ē-ns**, Gen. fer-e-**nt**-is			
nd-Formen	fer- e-**nd**-ī usw.		fer-e-**nd**-us, -a, -um	

Verb: Unregelmäßige Verben

95 volō, nōlō, mālō

1. **volō** (Infinitiv **velle**), voluī *wollen*
Der **Präsensstamm** von volō tritt in den **Varianten vel-/vol-/vul-** auf, in **vī-s** ein **zweiter Stamm vī-** (vgl. in-vī-tus *nicht wollend, ungern*). Vol-u-mus hat das gleiche Interfix, vel-i-m das gleiche Modussuffix, velle/vellem (durch Assimilation < vel-se/vel-se-m, ↗ L17) die gleichen ursprünglichen Suffixe wie sum (↗ **92**).
2. Mit volō zusammengesetzte Verben:
a) **nōlō** (Infinitiv **nōlle**), nōluī *nicht wollen*
b) **mālō** (Infinitiv **mālle**), māluī *lieber wollen*
In nōlō ist ne „*nicht*" (vgl. ne-sciō), in mālō magis „*mehr, lieber*" enthalten. Der Imp. von nōlō hat das ī vom Konj. Präs. übernommen.

men des Präsensstammes

Indikativ	Konjunkt.	Indikativ	Konjunkt.	Indikativ	Konjunktiv
vol-ō	**vel-**i-m	**nōl-ō**	nōl-i-m	**māl-ō**	māl-i-m
vī-s	vel-ī-s	nōn vī-s	nōl-ī-s	**mā-vī-s**	māl-ī-s
vul-t	vel-i-t	nōl-vul-t	nōl-i--t	**mā-vul-t**	māl-i-t
vol-u-mus	vel-ī-mus	nōl-u-mus	nōl-ī-mus	māl-u-mus	māl-ī-mus
vul-tis	vel-ī-tis	nōn vul-tis	nōl-ī-tis	**mā-vul-tis**	māl-ī-tis
vol-u-nt	vel-i-nt	nōl-u-nt	nōl-i-nt	māl-u-nt	māl-i-nt
vol-ēba-m	**vel-le-**m	nōl-ēba-m	**nōl-le-**m	māl-ēba-m	**māl-le-**m
vol-ēbā-s	vel-lē-s	nōl-ēbā-s	nōl-lē-s	māl-ēbā-s	māl-lē-s
usw.	usw.	usw.	usw.	usw.	usw.
vol-a-m		nōl-a-m		māl-a-m	
vol-ē-s		nōl-ē-s		māl-ē-s	
usw.		usw.		usw.	
		nōlī[1]	nōlī-tō		
		nōlī-**te**[1]	nōlī-tōte		
			nōl-u-ntō		
vel-le		**nōl-le**		**māl-le**	
vol-ē-**ns**		nōl-ē-**ns**			

Imperative nōlī/nōlīte + Infinitiv werden verwendet, um ein Verbot auszudrücken (dt. Imperativ + : nōlī(te) venīre *komm(t) nicht!*

58   Formenlehre

96 **fīō** (Infinitiv **fierī**), **factus sum** *werden, geschehen; gemacht werden*
1. Die meisten Formen des Präsensstammes fī- werden wie bei den Verben
der 4. Konjugation gebildet; das ī bleibt dabei vor Vokalen lang, außer in den
Formen mit dem Interfix e: fī-e-rī, fī-e-re-m usw. Der Infinitiv fierī ist eine
Passivform mit dem Suffix -rī.
2. Wie die Stammformen zeigen, werden die Formen des Perfektstammes
von faciō (Perfekt-Passiv-Gruppe, ↗ **89**) gebildet, Partizip und Infinitiv Futur
stammen von sum (↗ **92**).

Formen des Präsensstammes (mit Partizip und
Infinitiv Fut.)

		Indikativ	Konjunktiv
		Stamm: **fī-**	
Präsens		fī-**ō** fī-**s** fī-**t** fī-**mus** fī-**tis** fī-**u-nt**	fī-**a-m** fī-**ā-s** fī-**a-t** fī-**ā-mus** fī-**ā-tis** fī-**a-nt**
Imperf.		fī-**ēba-m** fī-**ēbā-s** usw.	fi-e-**re-m** fi-e-**rē-s** usw.
Futur I		fī-**ā-m** fī-**ē-s** usw.	
Imperat.		**fī**, fī-**te**	
Infinitiv	**Präs.**	fi-e-**rī**	
	Fut.	**futūrum esse** oder **fore** zu den Bedeutungen *„werden, geschehen",* factum īrī zur Bedeutung *„gemacht werden"*	
Part. Fut.		**futūrus**	

D Beachte beim Übersetzen, daß sowohl die von fīō als auch die von faciō (au-
ßer factum īrī) gebildeten Formen entsprechend dem Kontext jede der drei
Bedeutungen aufweisen können, z. B.: fit *es wird, geschieht, wird gemacht;*
factum est *es ist geworden, ist geschehen, ist gemacht worden.*

Verb: Unregelmäßige Verben 59

97 eō (Infinitiv **īre**), **iī, itum** *gehen*

Formen des Präsensstammes (mit Part. und Inf. Futur) Stamm: (ei->) **e-/i-**				Formen des Perfekt-Aktiv-Stammes Stamm: **i-**		
	Indikativ	Konjunktiv			Indikativ	Konjunktiv
Präsens	**e-ō** ī-s i-t ī-**mus** ī-**tis** **e-u-nt**	e-a-m e-ā-s e-a-t e-ā-mus e-ā-tis e-a-nt		**Perfekt**	i-ī **īstī** i-**it** i-**imus** **īstis** i-**ērunt**	i-**eri**-m i-eri-s i-eri-t i-eri-mus i-eri-tis i-eri-nt
Imperfekt	ī-**ba**-m ī-bā-s usw.	ī-**re**-m ī-rē-s usw.		**Plusquam-perfekt**	i-**era**-m i-erā-s usw.	**īssem** **īssēs** usw.
Futur I	ī-**b**-ō ī-**b**-i-s usw.			**Futur II**	i-**er**-ọ̄ i-**eri**-s usw.	
Imperativ	ī ī-**te**	ī-tō ī-tōte e-u-ntō				
Infinitiv Präs.	ī-**re**					
Infinitiv Fut.	it-**ūr**-um (esse)			**Inf. Perf.**	**īsse**	
Partizip Präs.	i-ē-**ns**, Gen. **e-u-nt**-is					
Partizip Fut.	it-**ūr**-us, -a, -um					
nd-Formen Subst.	**e-u-nd**-ī usw.					
nd-Formen Adj.	**e-u-nd**-um					

60 Formenlehre

Der ursprüngliche Präsensstamm ei erscheint **vor a, o, u** als **e, sonst** als ī (> ĭ in it, iēns, ↗ L8, L7). E-u-nt, e-u-ntō, die nd-Formen und die obliquen Kasus des Partizip Präsens Aktiv enthalten das Interfix u, der Nom.Sing. des Partizip Präsens Aktiv das Interfix e. Perfekt-Aktiv- und Perfekt-Passiv-Stamm haben kurzes i. Im Perfekt-Aktiv-Stamm wird ii vor s zu ī kontrahiert (↗ L12).

D Das Passiv wird analog dem Aktiv gebildet, von eō selbst nur unpersönlich in der 3. Pers.Sing.:
ītur *es wird gegangen, man geht;* ībātur *man ging;* ibitur *man wird gehen.*
Wird eō durch Verbindung mit einem Präfix transitiv, bildet es ein vollständiges Passiv, z. B.: adeor *ich werde besucht,* praeterībāmur *wir wurden übergangen.*

Wortbildungslehre

98 Allgemeines

Da viele Wörter keine einfachen Gebilde sind, sondern aus mehreren Morphemen bestehen, indem aus Wurzeln und Stämmen mit Hilfe von Prä- und Suffixen (↗ 11–13), oder durch Zusammensetzung neue Wörter gebildet wurden, ist die Kenntnis der Bedeutung dieser Wortbildungselemente eine wichtige Voraussetzung dafür, mechanisches Auswendiglernen von Vokabeln zu verringern bzw. Bedeutungen unbekannter Wörter selbst zu erschließen.

99 Wortbildung mit Präfixen

Beachte die Lautveränderungen an Präfixen durch Assimilation (↗ L15, L17), Konsonantenschwund (↗ L11, L21, L22) und Vokaldehnung (↗ L10) – die dadurch entstandenen Varianten werden nachfolgend in Klammern hinzugefügt – sowie an Grundwortstämmen durch Vokalschwächung (↗ L3–6).

Präfix	Bedeutung	Beispiele
ā-, ab-, **abs-** (as-)	*weg-, fort-,* *ab-*	ā-vertō *abwenden,* ab-eō *weggehen* abs-trahō *wegziehen,* as-portō *fortschaffen*
ad- (a-, ac-, af-, ag-, al-, ap-, ar-, as-, at-)	1. *(hin)zu-,* *heran-,* *da(bei)-, am-* 2. verstärkend	ad-iciō *hinzufügen,* ad-sum *da(bei)sein,* at-trahō *anziehen,* a-spiciō *anblicken* (ad-)moneō *ermahnen*[1], (ad-)iuvō *helfen*[1]
ante-	*vor(an)-*	ante-cēdō *vorangehen,* ante-pōnō *vorziehen*
circum-	*(her)um-*	circum-dūcō *herumführen,* circum-dō *umgeben*
com- (zu cum) (cŏ-, col-, cŏn-, cor-)	1. *zusammen-* 2. verstärkend	con-veniō *zusammenkommen,* cor-ruō *zusammenstürzen,* con-trahō *zusammenziehen* cōn-ficiō *fertigmachen,* (cōn-)firmō *(be)festigen*[1]
dē-	1. *herab-,* *hinab-, weg-* 2. verstärkend	dē-currō *hinablaufen,* dē-cēdō *weglaufen,* dē-trahō *wegziehen* dē-vincō *(völlig) besiegen*[1], dē-certō *um die Entscheidung kämpfen*

62 Wortbildungslehre

Präfix	Bedeutung	Beispiele
dis- (dī-, dif-, dir-, ↗ L14)	*auseinander-, zer-, weg-; miß-*	dis-cēdō *auseinander-, weggehen,* diffundō *zerstreuen;* dis-pliceō *mißfallen*
ē-, ex- (ef-)	1. *(her)aus-, ent-* 2. *verstärkend*	ex-trahō *herausziehen,* ef-fugiō *entfliehen* ex-pugnō *erobern,* ef-ficiō *hervorbringen*
ĭn- (i-, il-, im-, ir-)	1. *(hin)ein-, darin-, auf-* 2. *verneinend*	in-cidō *hineinfallen,* in-sum *darin sein,* im-pōnō *auferlegen* in-iūria *Unrecht,* i-gnōrō *nicht wissen*
inter-	*dazwischen-, unter-*	inter-veniō *dazwischenkommen,* inter-eō *untergehen*
ne-, neg-	*nicht*	ne-sciō *nicht wissen,* neg-legō *nicht achten, vernachlässigen*
ob, obs (oc-, of-, op-, os-)	*entgegen-, vor-*	oc-currō *entgegenlaufen,* os-tendō *(entgegen-, vorstrecken:) zeigen*
per- (pel-)	1. *(hin)durch-* 2. *verstärkend* 3. *ver- (= weg-)*	per-currō *durcheilen,* per-spiciō *durchschauen* per-terreō *sehr erschrecken,* per-ficio *vollenden* per-eō *(vergehen:) zugrundegehen*
prae-	1. *vor(an)-, vorher* 2. *verstärkend*	prae-cēdō *vorangehen,* prae-tractō *vorher behandeln* prae-clārus *sehr hell, hochberühmt*
praeter-	*vorbei-, vorüber*	praeter-eō *vorbei-, vorübergehen*
prŏ, vor Vokal prōd-	1. *vor(wärts)-, hervor-, fort-* 2. *für, anstatt*	prōd-eō *hervortreten, vorrücken,* prohibeō *fort-, fernhalten, hindern* prō-sum *(für jmdn. sein:) nützen,* prō-cōnsul *Prokonsul* (= Beamter anstelle eines Konsuls)
re-, vor Vokal red-	1. *zurück, wi(e)der-* 2. *verstärkend*	red-eō *zurückkehren,* re-sistō *widerstehen* re-cipiō *aufnehmen,* (re-)servō *(auf)bewahren*[1]
sē-	*beiseite-, weg-*	sē-cēdō *beiseitegehen,* sē-parō *absondern*
sub, subs (su-, suc-, suf-, sug-, sum-, sup-, sur-, sus-)	*(dar)unter, von unten, empor-, zu Hilfe, heimlich*	sub-sum *darunter sein,* sub-iciō *unterwerfen,* sus-tineo *(von unten halten:) aushalten,* suc-currō *zu Hilfe eilen,* sub-dūcō *heimlich wegführen*
super-	*(dar)über-, übrig*	super-struō *darüberbauen,* super-sum *übrig sein*
trāns- (trā-, trān-)	*(hin)über- (hin)durch-*	trā-dūcō *hinüberführen* trāns-figō *durchbohren*

[1] Die Verstärkung verblaßt manchmal, so daß – wie im Dt. – das präfigierte Verb die Bedeutung des einfachen annimmt.

Wortbildung mit Suffixen

Bei der Wortbildung mit Suffixen kann ein Interfix auftreten (↗ **71,4**).

1. Substantive

Suffix (mit Endung des Nom.Sing.)	Bedeutung	Beispiele
-culus ↗ -ulus		
-ia, **-itia**	Nominalabstraktum: Eigenschaft, Zustand	miser-ia *Elend,* prūdent-ia *Klugheit* puer-itia *Jugend,* iūst-itia *Gerechtigkeit*
-iō, Gen. -iōnis **1.** an der Wurzel **2.** am Perf.-Pass.- Stamm	Verbalabstraktum: Handlung, Ergebnis	liberāt-iō *Befreiung* obsĭd-iō *Belagerung,* opīn-iō *Meinung* obsess-iō *Belagerung,* cōgnit-iō *Erkenntnis*
-itia ↗ -ia		
-ium	Verbalabstraktum: Handlung, Zustand, Ergebnis	colloqu-ium *Gespräch,* gaud-ium *Freude,* incend-ium *Brand(stiftung)*
-men(tum)	Mittel, Werkzeug	medicā-men(tum) *Heilmittel*
-olus ↗ -ulus		
-or, Gen. -ōris **1.** an der Wurzel **2.** am Perf.-Pass.- Stamm	Verbalabstraktum: Handlung, Zustand, Ergebnis handelnde Person	err-or *Umherirren, Irrtum* am-or *Liebe* liberat-or *Befreier* dēfēns-or *Verteidiger*
-siō ↗ -iō		
-sor ↗ -or 2.		
-sūra ↗ -ūra		
-sus ↗ -us		
-tās, Gen. -tātis	Nominalabstraktum: Eigenschaft, Zustand	liber-tās *Freiheit* humān-i-tās *Menschlichkeit*
-tiō ↗ -iō		

64 Wortbildungslehre

Suffix (mit Endung des Nom.Sing.)	Bedeutung	Beispiele
-tor (f.- **trīx**, Gen. -tricis) ↗ -or 2.		vic-trīx *Siegerin*
-tūdō, Gen. -tūdinis	Nominalabstraktum: Eigenschaft	māgn-i-tūdō *Größe* fort-i-tūdō *Tapferkeit*
-tūra ↗ -ūra		
-tus ↗ -us		
-tūs, Gen. -tūtis	Nominalabstraktum: Eigenschaft, Zustand	vir-tūs *Tüchtigkeit, Tapferkeit,* senec-tūs *Alter*
-ulus 3, **-olus** 3, **-culus** 3	Diminutiv: Verkleinerung	hort-ulus *Gärtchen,* oppid-ulum *Städtchen* fili-olus *Söhnchen,* fili-ola *Töchterchen* nāv-i-cula *Schiffchen* corpus-culum *Körperchen*
-ūra (am Perf.-Pass.-Stamm)	Verbalabstraktum: Handlung, Ergebnis	cult-ūra *Gebauung, Verehrung* pict-ūra *Gemälde*
-us, -ūs (am Perf.-Pass.-Stamm)	Verbalabstraktum: Handlung, Ergebnis	cult-us *Bebauung, Verehrung;* concurs-us *Zusammenlauf, Menschenansammlung;* ūs-us *Gebrauch, Nutzen*

2. Adjektive

Suffix (mit Endung des Nom.Sing. m)	Bedeutung	Beispiele
-ālis, e; **-ān(e)us** 3; **-āris**, e; **-ārius** 3	Zugehörigkeit, Eigenschaft	mort-ālis *sterblich* urb-ānus *städtisch, gebildet* mīlit-āris ⎫ *Soldaten-, Kriegs-* mīlit-ārius ⎭
-bilis, e; **-ĭlis**, e	Möglichkeit, Fähigkeit	amā-bilis *liebenswert* ūt-ilis *brauchbar, nützlich*
-eus 3	Stoff	aur-eus *golden,* ferr-eus *eisern*
ĭlis ↗ -bilis		

Wortbildung durch Zusammensetzung 65

Suffix (mit Endung des Nom.Sing. m)	Bedeutung	Beispiele
-īlis, e; -ius 3; -nus 3	Zugehörigkeit, -īnus 3; Eigenschaft	puer-īlis *Kinder-, kindlich* Lat-inus *lat(e)inisch* rēg-ius *königlich* pater-nus *väterlich*
-ōsus 3	Fülle (reich an...)	studi-ōsus *voll Eifer, eifrig* glōri-ōsus *ruhmreich*

3. Verben

Suffix	Bedeutung	Beispiele
-sc-	Beginn	nō-sc-ō *kennenlernen* convalē-sc-ō *erstarken*
-tā-, -sā- (= -ā- am Perf.-Pass.- Stamm) -ítā-	Verstärkung, Wiederholung	iactō *(hin und her) werfen,* *schütteln;* tractō *herumzerren;* clāmitō *laut rufen;* cursō *und* cur- sitō *(zwei Suffixe) hin und her lau-* *fen*

1 Wortbildung durch Zusammensetzung

Außer mit Hilfe von Prä- und Suffixen werden neue Wörter durch Zusammensetzung (Verbindung von zwei selbständigen Wörtern zu einer neuen Worteinheit) gebildet. Dabei ist der zweite Teil der Zusammensetzung – wie im Dt. – gewöhnlich der Hauptbegriff, der durch das erste Glied näher bestimmt wird. Dieses Bestimmungswort erscheint:

1. in loser Verbindung (Zusammenrückung) als deklinierte Wortform oder Adverb, z. B.:

agrī-cultūra *(Bebauung des Ackers:) Ackerbau,*
aquae-ductus *(Leitung des Wassers:) Wasserleitung,*
senātūs-cōnsultum *(Beschluß des Senats:) Senatsbeschluß,*
sacrō-sānctus *(durch Opfer geheiligt:) unverletzlich,*
satis-faciō *(genug tun:) zufriedenstellen,*
male-dīcō *(schlecht reden:) schmähen;*

2. in enger Verbindung (echte Zusammensetzung) als Stamm, an den der zweite Bestandteil oft durch das Interfix i (↗ **71, 4.**) angeschlossen wird; außerdem kann Vokalschwächung (↗ L4–6) auftreten. Beispiele:

agr-i-cola *Bauer,* bi-ennium (zu annus) *zwei Jahre,* art-i-fex (zu faciō) *Künstler,* part-i-ceps (zu capiō) *teilnehmend, beteiligt,* māgn-i-ficus *großartig,* patē(zu pateō)-faciō *öffnen.*

Satzlehre

102 Prädikat und Subjekt

Die meisten einfachen Sätze enthalten als Grundbestandteile **Prädikat und Subjekt,** diese bilden den **Satzkern.** Bei der Übersetzung eines lateinischen Satzes bestimmt und übersetzt man zunächst das Prädikat, danach das Subjekt, weil
1. das Prädikat bzw. sein verbaler Bestandteil fast ausschließlich als finite Verbform auftritt und dadurch schnell und sicher zu ermitteln ist;
2. das Prädikat immer in Person und Numerus, wenn möglich auch in Kasus und Genus mit dem Subjekt übereinstimmt und dadurch über letzteres wichtige Informationen erteilt;
3. das **Subjekt oft bereits im Prädikat enthalten** ist.

103 Prädikat

Das **Prädikat** kann in **zwei Formen** auftreten:
1. Das **einfache (verbale) Prädikat** wird allein durch die finite Form eines Vollverbs gebildet:

Agricola labōrat.	*Der Bauer arbeitet.*
Egō laudā**tus** sum, sed vōs vituperā**tī** estis (↗ **80, Anm. 2)**	*Ich bin gelobt, ihr aber seid getadelt worden.*

2. Das **zusammengesetzte Prädikat** besteht aus einem Prädikatsnomen (meist Adjektiv oder Substantiv) und der finiten Form eines kopulativen Verbs (Verbindungsverbs), das das Prädikatsnomen mit dem Subjekt bzw. Objekt verbindet:

Gaudium est māgnum	*Die Freude ist groß.*
Albis est flūmen.	*Die Elbe ist ein Fluß.*

Prädikat   67

04 Zu den kopulativen Verben gehören
1. sum *sein*, das am häufigsten auftritt:

Subjekt	Prädikat		Subjekt	Prädikat	
	Prädikats-nomen	kopul. Verb		kopulat. Verb	Prädikats-nomen
popul-**us** tābul-**a** templ-**um**	māgn-**us** māgn-**a** māgn-**um**	} est	*das Volk* *die Tafel* *der Tempel*	} *ist*	} *groß*
popul-**ī** tābul-**ae** templ-**a**	māgn-**ī** māgn-**ae** māgn-**a**	} sunt	*die Völker* *die Tafeln* *die Tempel*	} *sind*	

Beachte (gilt auch für 2. und 3.): Das adjektivische Prädikatsnomen richtet sich im Lat. in der Regel nach seinem Beziehungswort in Kasus, Genus und Numerus (vgl. russ. дом нов, квартира нова); im Dt. steht dagegen die endungslose Grundform des Adjektivs, die nicht verändert wird.

2. fīō *werden*, maneō *bleiben*, videor *(er)scheinen:*
Lūcius amīcus meus fit/manet.   *Lucius wird/bleibt mein Freund.*
Multī beātī videntur.   *Viele (er)scheinen glücklich.*

3. Eine Gruppe von Verben, bei denen sich das Prädikatsnomen in aktiven Sätzen auf das Akkusativobjekt, in passiven auf das Subjekt bezieht:
– appellō, nōminō, vocō, dīcō *nennen,* Passiv auch: *heißen*
– creō, dēligō *wählen (zu)*
– putō, exīstimō *halten (für),* Passiv auch: *gelten (als)*
– faciō *machen (zu),* fīō *gemacht werden (zu)*
– sē praestāre, sē praebēre *sich zeigen (als)*

68 Satzlehre

105 Im Dt. wird das Prädikatsnomen meist mit „*zu, für, als*" angeschlossen.
[D] Vergleiche:

Lateinisch			
	Objekt/ Subjekt	Prädikats- nomen	
Rōmānī	Rōm-am	aetern-am	appellābant
	Rōm-a	aetern-a	apellābātur
Plēbēī	Gracch-ōs	tribūn-ōs	creāvērunt
	Gracch-ī	tribūn-ī	creātī sunt
Amīcī	Lūci-um	prūdent-em	putant
	Lūci-us	prūdēns	putātur
Hostēs	vict-ōs	serv-ōs	faciēbant
	Vict-ī	serv-ī	fīēbant

Deutsch

		Objekt/ Subjekt		Prädikats- nomen	
Die Römer	nannten	Rom		*ewig*	
		Rom	*wurde*	*ewig*	*genannt*
Die Plebejer	wählten	die Gracchen		**zu** *Tribunen*	
		Die Gracchen	*wurden*	**zu** *Tribunen*	*gewählt*
Die Freunde	halten	Lucius		**für** *klug*	
		Lucius	*wird*	**für** *klug*	*gehalten*
Die Feinde	machten	Besiegte		**zu** *Sklaven*	
		Besiegte	*wurden*	**zu** *Sklaven*	*gemacht*

106 Ergänzende Bemerkungen zum Prädikat

Sum als Teil des Prädikats kann ergänzt werden durch
1. den Nominativ
a) eines Partizips Perfekt Passiv, ↗ **80, Anm. 2; 89**
b) einer nd-Form, ↗ **217**
c) eines Partizips Futur Aktiv, ↗ **205**
d) eines Prädikatsnomens. ↗ **104,1**
2. den Genitiv als Prädikatsnomen, ↗ **124–127**
3. den Dativ als Prädikatsnomen, ↗ **133**
4. den Ablativ als Prädikatsnomen, ↗ **151,2**.

Prädikat 69

107 Sum und andere kopulative Verben können auch als Vollverben fungieren:

Sum in urbe et ibi manēbō.	Ich bin in der Stadt und werde dort bleiben.
Fīat iūstitia.	Gerechtigkeit soll werden/sich durchsetzen.
Caesar pontem fēcit.	Cäsar ließ eine Brücke bauen.

[D] Sum muß in diesem Fall entsprechend dem Kontext unterschiedlich wiedergegeben werden:

Est modus in rēbus, sunt certī dēnique fīnēs (Horaz)	Es gibt ein rechtes Maß in den Dingen, es gibt schließlich bestimmte Grenzen.
Pater nunc in Italiā est.	Der Vater befindet sich/weilt/lebt jetzt in Italien.
Rōmānī ōlim sub imperiō Etrūscōrum fuērunt.	Die Römer standen einst unter der Herrschaft der Etrusker.
Inter sociōs concordia esse dēbet.	Unter Verbündeten muß Eintracht herrschen.
Mihi liber est. (↗ 132.)	Ich habe ein Buch.

108 Sum kann sowohl als Teil des Prädikats wie auch (seltener) als Vollverb fehlen und muß dann im Dt. ergänzt werden:

Mox ingentēs C. Caesaris mīnae in ludibrium versae (= versae sunt).	Später wurden die ungeheuren Drohungen des C. Caesar (= Caligula) zum Gespött.
Inde ōtium (= ōtium fuit). (Tacitus)	Seitdem herrschte Ruhe.

109 Ein Pronomen als Subjekt oder Objekt richtet sich im Lat. nach dem Prädikatsnomen, wenn dieses ein Substantiv ist; im Dt. steht es meist im Neutrum Sing.:

Zum historischen Infinitiv als Prädikat ↗ 195.

70   Satzlehre

Subjekt

110 1. Subjekt ist gewöhnlich der *Nominativ* eines Nomens:

Amīcī, multī, illī, trēs adsunt.   *Freunde, viele, jene, drei sind da.*

Subjekt kann **auch** ein (substantivierter) **Infinitiv** (Errāre hūmānum est *Irren ist menschlich*),
ein A.c.I. (Lēgem brevem esse oportet *Es ist nötig, daß ein Gesetz kurz ist),*
ein **N.c.I.** (Homerus caecus fuisse dicitur *Es wird gesagt, Homer sei blind gewesen)*
oder **ein Nebensatz** (Bis dat, quī cito dat *Doppelt gibt, wer schnell gibt*) sein.

2. Häufig ist das Subjekt nur in der Endung der finiten Verbform enthalten
und wird dann durch das entsprechende Personalpronomen wiedergegeben:

Vēnī, vīdī, vīcī. (Caesar)   *Ich kam, ich sah, ich siegte.*
Accidit.   *Es geschieht.*

Wenn im Lat. das Personalpronomen hinzugesetzt wird, ist es betont: ↗ **51, 1.**

111 Lat. Verbformen können im **Dt.** durch „**man**" wiedergegeben werden:
D 1. Passivformen (ohne Urheber und Ursache):

Amīcus certus in rē incertā   *(Ein sicherer Freund wird erkannt:)*
cernitur.   *Einen sicheren Freund erkennt man
                                   in unsicherer Lage.*
Itur.   *(Es wird gegangen:) Man geht.*
Ventum est.   *(Es ist gekommen worden:) Man ist
                                   gekommen.*

2. Die 1. Pers.Plural Akt.:

Quae volumus, crēdimus libenter. *Was man will, glaubt man gern.*

3. Die 3. Pers.Plural Ind.Akt. von Verben des Sagens und Glaubens:

Dīcunt/ferunt/tradunt/putant   *Man sagt/berichtet/überliefert/glaubt,*
Homērum caecum fuisse.   *Homer sei blind gewesen.*

4. Die 2. Pers.Sing.Akt., besonders im Konjunktiv (↗ **188**):

Dīcās/crēdās.   *Man könnte sagen/glauben.*

112 Ein gemeinsames Subjekt von Haupt- und Nebensatz steht im Lat. gewöhn-
D lich am Anfang des Satzgefüges. Im Dt. beginnt man am besten mit dem Ne-
bensatz, in dem das gemeinsame Subjekt genannt wird, das dann im Haupt-
satz durch ein Personalpronomen wieder aufgenommen wird.

Magister, postquam intrāvit,   *Nachdem **der Lehrer** eingetreten war,*
discipulōs salūtāvit.   *begrüßte **er** die Schüler.*

Besonderheiten bei der Übersetzung der Kasus 71

Nomen

Besonderheiten bei der Übersetzung der Kasus

Nominativ

13 Im Nominativ steht nicht nur das Subjekt (↗ **110**), sondern auch die sich in der Form nach ihm richtenden Wörter:

1. Nicht-finite Teile des mit sum gebildeten Prädikats (↗ **106**):

Puer vocātus, vocandus, vocātūrus est.

Der Junge ist gerufen worden, zu rufen, im Begriff zu rufen.

2. Prädikatsnomen (↗ **103, 2.**):

Populus māgnus est.

Das Volk ist groß.

Cicerō cōnsul fuit.

Cicero war Konsul.

3. Attribute und Appositionen:

Sōcratēs, homō sapientissmus Athēniēnsis

Sokrates, ein sehr kluger Mann aus Athen

4. Prädikative Attribute und Appositionen (↗ **168–170**):

Lēgātī laetī revertērunt.

Die Gesandten kehrten froh zurück.

5. Participium coniūnctum (↗ **207–209**):

Platō scrībēns mortuus est.

Platon starb, während er schrieb.

	ae	ī	is	ūs	ĕī	ĭus
Genitiv						bei
114 Allgemeines	ārum	ōrum	(i)um	uum	ērum	Pronomen

Beim Übersetzen ist zunächst das übergeordnete Wort zu ermitteln, von dem der Genitiv abhängt. Dieses ist in der Regel ein Substantiv, seltener ein Adjektiv oder ein Verb.

Der Genetiv hat vorwiegend die Funktion eines Attributs, weniger oft eines Objekts oder Prädikatsnomens.

Sein Gebrauch ist im Lateinischen weiter ausgedehnt als im Deutschen, so daß die genannten Satzglieder oft mit anderen sprachlichen Mitteln wiedergegeben werden müssen, z. B.:

D

1. Adjektiv (als Attribut und Prädikatsnomen):

statua māgnae pulchritūdinis   *eine sehr **schöne** Statue*
Statua māgnae pulchritūdinis est.   *Die Statue ist sehr **schön.***

2. Apposition (substantivisches Attribut):

māgnus numerus librōrum   *eine große Zahl **Bücher***
nihil novī   *nichts **Neues***

3. Präpositionalausdruck (Nomen mit Präposition als präpositionales Attribut und Objekt):

spēs pācis   *Hoffnung **auf** Frieden*
Meminī eōrum.   *Ich erinnere mich **an** sie.*

4. Zusammensetzung:

porta domūs   *Haustür*
omnium fortissimus   *allertapferster*

5. Vertauschung der Abhängigkeit:

multum aurī   *viel Gold*
māior frātrum   *der ältere Bruder*
Vīnī dulcēdine Cimbrōrum   *Durch den süßen Wein ließ die*
robur ēlanguit.   *Kraft der Kimbern nach.*

Besonderheiten bei der Übersetzung der Kasus

Genitiv als Attribut bei Substantiven

15 Genitiv der Teilung (Genitīvus partītīvus) bezeichnet das Ganze, das überge-
D ordnete Nomen einen Teil davon; Dt. ↗ **114, 1–5**:

māgna cōpia frūmentī	*großer Vorrat (an) Getreide*
Montēs aurī pollicētur.	*Er verspricht (Berge Goldes:) goldene Berge.*
nēmō nostrum (↗ **51, 2.**)	*keiner von uns*
nihil agrī	*kein Ackerland*
paulum novī	*wenig Neues*

Zu mīlia ↗ **68, 1.**

16 Genitiv der Eigenschaft (Genitīvus quālitātis); Dt. ↗ **114, 1.3.**:

D puer decem annōrum	*Junge von zehn Jahren*
via trīduī (= trium diērum)	*Weg von drei Tagen*
verba eius modī	*(Worte dieser Art:) derartige Worte*
vir māgnī ingeniī	*Mann von großer Begabung/ein hochbegabter Mann.*

Vgl. den Abl. der Eigenschaft ↗ **151**.
Zum Genitiv der Eigenschaft als Prädikatsnomen ↗ **126**

17 Hängt ein Genitiv als Attribut von einem Substantiv ab, das eine Handlung
D oder eine Empfindung ausdrückt, so kann es
1. das Subjekt (als Genitīvus subiectīvus),
2. das Objekt (als Genitīvus obiectīvus)
des betreffenden verbalen Vorgangs bezeichnen.

amor pa- rentum	1. *Liebe **der** Eltern*	**(die Eltern lieben** die Kinder)
	2. *Liebe **zu den** Eltern*	(die Kinder **lieben die Eltern**)

laudātiō Cicerōnis	1. *Lobrede **des** Cicero*	**(Cicero lobt** jemanden)
	2. *Lobrede **auf** Cicero*	**(jemand lobt** Cicero)

Dt.: 1. wörtlich (als Genitiv), 2. ↗ **114, 3.4.**
Über den Sinn doppeldeutiger Genitive entscheidet der Kontext.
Beispiele zu 2.:

memoria nostrī / tuī (↗ **51,2.**)	*Erinnerung **an** uns / an dich*
spēs salūtis.	*Hoffnung **auf** Rettung*
metus mortis	*Furcht **vor** dem Tod / Todesfurcht*
potestās vītae necisque	*Gewalt **über** Leben und Tod*

18 Erläuternder Genitiv (Genitīvus explicātīvus); Dt. meist ↗ **114,2.**
nōmen rēgis — *Der Titel „König"*
Discipulī nōmen Platōnis nesciēbant. — *Die Schüler kannten nicht den Namen Platon.*

74   Satzlehre

Genitiv bei Adjektiven

119 Genitiv wird – neben dem Dativ – gebraucht bei proprius *eigen, eigentümlich*;
☐D☐ sacer *heilig, geweiht*; (dis)similis *(un)ähnlich*:

Rōmānōrum proprium erat deōs pie-tāte colere.	*Für die Römer war es charakteristisch, den Göttern mit Ehrfurcht zu begegnen.*
Ānserēs Iūnōnis sacrī erant.	*Die Gänse waren der Juno heilig.*
Fīlius patris similis est.	*Der Sohn ist dem Vater ähnlich.*

120 Bei Adjektiven mit den Bedeutungen
☐D☐ „*begierig, kundig, eingedenk, teilhaftig, mächtig, voll*" und deren Gegenteil.
Dt. meist ↗ **114, 3. 4.**

pecūniae cupidus	*gierig auf Geld/geldgierig*
iūris perītus	*im Recht bewandert/rechtskundig*
Memor tuī sum.	*Ich (bin deiner eingedenk:) denke an dich.*
particeps praedae	*an der Beute beteiligt*
compos mentis	*seines Verstandes mächtig/bei Sinnen*
plēnus vīnī	*voll Wein*

121 Bei adjektivisch (zur Bezeichnung einer Eigenschaft) verwendeten Partizipien Präsens Aktiv;
☐D☐ Dt. ↗ **114, 4.**:

amāns patriae	*vaterlandsliebend*
fugiēns labōris	*arbeitsscheu*
neglegēns officiī	*pflichtvergessen*

Genitiv bei Verben

Als Objekt

122 Oft bei den Verben der Erinnerung meminī und reminīscor *sich erinnern*, oblīvīscor *vergessen*:

Meminī bene parent**um**, nunquam **eōrum** oblīvīscar.	*Ich erinnere mich gut **an** meine Eltern, ich werde **sie** nie vergessen.*

123 Bei den Verben der Rechtsprechung zur Bezeichnung des Vergehens oder der
☐D☐ Schuld, z. B.:

	accūsō	*(wegen) des Diebstahls anklagen*
fūrtī	convincō	*des Diebstahls überführen*
	damnō	*wegen Diebstahls verurteilen*
	absolvō	*von der Anklage des Diebstahls freisprechen*

Besonderheiten bei der Übersetzung der Kasus 75

Merke:

capitīs	{	accūsō	*auf Leben und Tod anklagen*
		damnō	*zum Tode verurteilen*
		absolvō	*von der Todesstrafe freisprechen*

Als Prädikatsnomen

24 Zur Bezeichnung des Besitzers (Genitīvus possessīvus) bei sum *Eigentum sein,*
D *gehören* und fīō *Eigentum werden:*

Omnia, quae mulieris fuērunt, virī
fiunt dōtis nōmine.

*Alles, was der Frau gehörte, wird
Eigentum des Mannes (unter der
Bezeichnung Mitgift, ↗ 118:) als
Mitgift.*

Der Genitiv betont den Besitzer, vgl. ↗ **132**.

25 In übertragener Bedeutung bezeichnet der Genitīvus possessīvus auch die Person, deren Sache (Eigenart, Pflicht) etwas ist:

Cōnstantia Stōicōrum erat
(putābātur).
Cīvium est lēgibus
obtemperāre.

*Standhaftigkeit war (galt als)
Merkmal der Stoiker.
Es ist Pflicht der Bürger, die Gesetze
einzuhalten.*

26 Zur Bezeichnung der Eigenschaft (Genitīvus quālitātis, vgl. ↗88, 2.) bei sum:

Germānī fuērunt māgnae virtūtis.

*Die Germanen waren von großer
Tapferkeit/sehr tapfer.*

Classis trecentārum nāvium est.

*Die Flotte besteht aus dreihundert
Schiffen.*

Vgl. den Abl. der Eigenschaft ↗ **151**.

27 Zur Bezeichnung des allgemeinen Wertes (Genitīvus pretiī) bei sum und fīō
D *wert sein, gelten;* bei den Verben des Schätzens und Achtens (z. B. aestimō,
putō, faciō). Verwendet wird der Genitiv von Adjektiven:

Liber māgnī, plūris, plūrimī, parvī,
minōris, minimī, tantī est.

*Das Buch ist viel, mehr, sehr viel,
wenig, weniger, sehr wenig, (nur) so
viel wert.*

Hunc librum māgnī faciō.

Dieses Buch schätze ich hoch.

Die Genitive plūris, minōris, tantī stehen auch bei den Verben der kaufmännischen Tätigkeit, z. B.:
Hanc rem plūris vēndō.   *Diese Sache verkaufe ich teurer.*
Vgl. ↗ 154

Dativ

128 Allgemeines

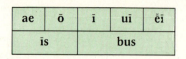

Der Dativ steht – wie im Dt. – bei Verben, seltener bei Adjektiven. Er hat die Funktion eines Objekts (im engeren und weiteren Sinne), weniger oft eines Prädikatsnomens oder einer adverbialen Bestimmung.

> Der lat. Dativ wird im Dt. meist mit dem gleichen Kasus, manchmal aber auch durch Präpositionalausdrücke, besonders mit „für" und „zu" wiedergegeben:
>
> | | |
> |---|---|
> | Locus castrīs idōneus erat. | *Der Platz war für das Lager geeignet.* |
> | Cui bonō? | *(Wem zum Nutzen?) Wem nützte es?* |
> | Rōmānī orbī terrārum imperābant. | *Die Römer (befahlen der Welt:) herrschten über die Welt.* |

129 Dativ als Objekt im engeren Sinne

[D] Eine Reihe lat. Verben, die ein Dativobjekt fordern, wird im Dt. meist durch transitive (↗ **135**) Verben wiedergegeben, z. B.:
medeor *(Heilung bringen:)* heilen; studeō *(sich widmen:)* sich um etwas bemühen; parcō *(Schonung gewähren:)* schonen; persuādeō *(mit Nachdruck raten:)* überzeugen, überreden; invideō *(mißgönnen:)* beneiden; praestō *(voranstehen:)* übertreffen;

Medicī aegrōtīs medentur.	*Die Ärzte heilen die Kranken.*
Nēminī parcitur.	*(unpersönliches Passiv: Keinem wird Schonung gewährt:) Keiner wird geschont.*
Mihi persuāsum est.	*(Mir ist eingeredet worden:) Ich bin überzeugt (worden).*

130 Dativ als Objekt im weiteren Sinne: Dativ des Interesses (Dativus commodī oder incommodī)

[D] Dieser Dativ wird nicht direkt vom Prädikat regiert, sondern ist mit dem Verb nur lose verbunden. Er bezeichnet die am Verbalvorgang interessierte Person oder Sache, zu deren Vorteil oder Nachteil etwas geschieht. **Dt. meist „für".**

Besonderheiten bei der Übersetzung der Kasus | 77

Nōn scholae, sed vītae (discimus).

Nicht für die Schule, sondern für das Leben (lernen wir).

Homō nōn sibi sōlī nātus est, sed patriae et suīs.

Der Mensch ist nicht für sich allein geboren, sondern für das Vaterland und die Seinen.

81
D
Einige sonst transitive Verben haben mit dem Dativ des Interesses eine andere Bedeutung, z. B.:

Cōnsulō medic**um**.
Ich konsultiere den Arzt.
Cicerō Catilī**nam** timēbat.
Cicero fürchtete Catilina.

Cōnsulō parenti**bus**.
Ich sorge für meine Eltern.
Cicerō re**ī** pūblic**ae** timēbat.
Cicero fürchtete für den Staat.

2
Der Dativ des Besitzers (Datīvus possessīvus) bei sum bezeichnet die Person, für die etwas da ist, die etwas besitzt. **Dt.** *„haben"*.

Mihi ōtium est.
Sunt nōbīs multī amīcī.
Lūciō in animō est labōrāre.
Mihi nōmen est Paulus (oder Paulō: Kasusangleichung).

Ich habe (freie) Zeit.
Wir haben viele Freunde.
Lucius beabsichtigt zu arbeiten.
Ich heiße Paul.

Der Dativ betont den Besitz, vgl. ↗ **124**. Zum Dativ der handelnden Person (Datīvus auctōris) bei der nd-Form mit sum ↗ **217**.

Dativ der Wirkung und des Zwecks

Dt. zunächst „zu", dann oft andere Formulierung.

3
D
Als Prädikatsnomen bei sum, oft in Verbindung mit einem Dativ der Person (sog. Doppelter Dativ), z. B.:

ūsuī esse
exemplō esse
praesidiō esse
cūrae esse
Aliīs exemplō esse dēbētis.
Hic liber mihi ūsuī est.
Causa tua mihi cūrae erit.

zum Nutzen sein, nützlich sein, nützen
zum Beispiel dienen, ein Beispiel sein
zum Schutz sein (dienen), schützen
zur Sorge sein, sich kümmern um
Ihr müßt anderen ein Vorbild sein.
Dieses Buch ist mir nützlich/nützt mir.
Ich werde mich um deine Angelegenheit kümmern.

4
Als adverbiale Bestimmung des Zwecks, z. B.

auxiliō vocāre/venīre/mittere

zu *Hilfe rufen/kommen/schicken.*

Germānī hunc locum domiciliō dēlēgērunt.

Die Germanen wählten diesen Ort **zum** *Wohnsitz.*

78 Satzlehre

Akkusativ

am	um em/im	Neutra=Nom.!
ās	ōs ēs ūs	a

135 Allgemeines

Eine wesentliche Funktion des Akkusativs ist die Bezeichnung des direkten Objekts. Er wurde so zum Ausgangspunkt für die Einteilung der Verben in transitive (mit Akkusativobjekt) und intransitive (ohne Akkusativobjekt). Der Akkusativ fungiert seltener als adverbiale Bestimmung und als Prädikatsnomen. Lateinische transitive Verben lassen sich im allgemeinen durch entsprechende dt. transitive Verben wiedergeben, manchmal ist jedoch die Übersetzung durch ein intransitives Verb (mit Präpositional- oder Dativobjekt) passender.

136 Akkusativ als Objekt

D Beispiele für die Wiedergabe lat. transitiver Verben durch dt. intransitive:

Cavē canem!	*Hüte dich vor dem Hund/ Vorsicht, bissiger Hund!*
Cūr cūrās aliēnās rēs?	*Warum kümmerst du dich um fremde Angelegenheiten?*
Līberī mortem patris dolēbant.	*Die Kinder trauerten über den Tod des Vaters.*
Hannibal Rōmam praeteriit.	*Hannibal zog an Rom vorbei.*
Fortēs fortūna adiuvat.	*Den Tüchtigen hilft das Glück.*
Ab amīcīs adiūtī sumus.	(persönliches Passiv: *Wir wurden ... unterstützt:*) *Uns wurde von den Freunden geholfen.*
Mortem effugere nēmō potest.	*Dem Tod kann keiner entgehen.*
Sequiminī magistrum, discipulī.	*Folgt dem Lehrer, Schüler!*
Tē nōn decet tam procācem esse.	*Es gehört sich nicht für dich, so frech zu sein.*

137 Bei an sich intransitiven Verben kann als Akkusativobjekt das Neutrum eines
D Pronomens auftreten. Im Dt. meist Pronominaladverb.

(Eā rē, ↗ **157**, aber:) **Id** gaudemus.	*Darüber freuen wir uns.*
(Cui reī, ↗ **129**, aber:) **Quid** studetis?	*Worum bemüht ihr euch?*
(Dē eā rē, aber:) **Hoc** tibi persuādebō.	*Davon werde ich dich überzeugen.*
(Dē oder in illā rē rē, aber:) **Illud** tibi assentimur.	*Darin stimmen wir dir zu.*

Besonderheiten bei der Übersetzung der Kasus   79

38 Durch Auslassung eines transitiven Verbs (z. B. vidēte *seht*) erklärt sich der Akkusativ des Ausrufs:

(Ō, heu) mē īnfēlicem!   *(Ach) ich Unglücklicher!*
(Ō) incrēdibilem impudentiam!   *Welch unglaubliche Unverschämtheit!*

Doppelter Akkusativ

39 Zwei Akkusativobjekte, eines der Person und eines der Sache, finden sich –
außer bei doceō (die gleiche Konstruktion bei der dt. Entsprechung *lehren*) –
bei einigen Verben mit den Bedeutungen fordern, fragen und bitten, beson-
ders dann, wenn das Sachobjekt das Neutrum eines Pronomens (vgl. ↗ **137**)
ist:

Magister discipulōs linguam   *Der Lehrer lehrt die Schüler die*
Latīnam docet.   *lateinische Sprache / unterrichtet die*
                                     Schüler in Latein.

Caesar Gallōs frūmentum flāgitābat   *Cäsar forderte von den Galliern*
(poscēbat).   *Getreide.*

Id tē $\begin{cases} \text{ōrō.} \\ \text{interrogō.} \\ \text{(ad) moneō.} \end{cases}$ *Darum bitte ich dich.*
                                      Danach frage ich dich.
                                      Dazu ermahne ich dich.

40 Akkusativobjekt der Person und Akkusativ als Lokalbestimmung bei trādūcō,
▢ trānsportō, trāiciō *hinüberbringen*. Der Akkusativ des Ortes ist ursprünglich
von trāns abhängig und steht daher auch wenn das Verb im Passiv steht.
Im Dt. erscheint das lat. Präfix als Präposition „*über*".

Mercātor mercēs Alpēs trāduxit.   *Der Kaufmann brachte Waren über*
                                     die Alpen.

Nāvibus mercēs Rhēnum trāductae   *Zu Schiff wurden Waren über den*
sunt.   *Rhein gebracht.*

Zum Akkusativobjekt und auf dieses bezogenes Prädikatsnomen ↗ **104,3 und
115**

Akkusativ als Adverbialbestimmung

41 Zur Bezeichnung des Ziels auf die Frage: „wohin?" steht im Lat. der Akkusativ
▢ ohne Präposition bei Namen von Orten und kleinen Inseln sowie bei domus
(domum „*nach Hause*"). Im Dt. wird „*nach*" ergänzt.

Proficīscēmur Rōmam, Corinthum,   *Wir werden nach Rom, Korinth,*
Tarentum, Athēnās, Delphōs,   *Tarent, Athen, Delphi, Karthago,*
Carthāginem, Neāpolim, Dēlum,   *Neapel, Delos, nach Hause reisen.*
domum.

80 Satzlehre

142 Verben mit den Bedeutungen „ankommen, (sich) versammeln, melden" u. ä.
☐D werden im Lat. auf die Frage: „wohin?" ergänzt, während im Dt. „wo?" gefragt
wird.

Lēgātī Rōmam/in urbem/eō adveniunt.	*Die Gesandten treffen in Rom/in der Stadt/dort ein.*
Plēbēī in forum concurrērunt.	*Die Plebejer liefen auf dem Markt zusammen.*
Germānī in silvās sē abdidērunt.	*Die Germanen versteckten sich in den Wäldern.*
Lēgātus victōriam Athēnās/domum nūntiat.	*Der Bote meldet den Sieg in Athen/zu Hause.*

143 Wie im Deutschen, bezeichnet der Akkusativ auch die Ausdehnung in Raum
☐D (Frage: „Wie weit?" usw.) und Zeit (Frage: „Wie lange?"):

Rōma ā marī vīgintī mīlia passuum abest.	*Rom ist 20 Meilen (30 km) vom Meer entfernt.*
trigintā pedēs longus, lātus, altus	*30 Fuß lang, breit, hoch bzw. tief*
Graecī Trōiam decem annōs obsidēbant.	*Die Griechen belagerten Troja zehn Jahre (lang).*
Adulēscēns sēdecim annōs nātus est.	*Der Jugendliche ist sechzehn Jahre alt.*

144 Der Akk.Sing.n. von einigen Adjektiven (↗ 48, 2.), Pronomen und von mägna
☐D pars kann als Adverb verwendet werden, z.B.: multum *viel, sehr, oft*; tantum
so viel, so sehr, nur; nihil *in keiner Weise, gar nicht*; quid? *warum? wozu?*; mā-
gnam, māiōrem, māximam partem *zum großen, größeren, größten Teil.*

Suēbī nōn multum frūmentō, sed māximam partem lacte atque pecore vīvunt. (Cäsar)	*Die Sueben leben nicht so sehr von Getreide, sondern größtenteils von Milch und Fleisch.*

Ablativ

145 Allgemeines

ā	ō	e/ī	ū	ē
īs		bus		

Der lat. Ablativ ist ein Mischkasus; er vereinigt in sich drei ursprünglich
selbständige Kasus:
1. Ablativ des Ausgangspunktes und der Trennung (Woher- und Wovon-
   Kasus).
2. Ablativ der Gemeinschaft und des Mittels (Womit- und Wodurch-Ka-
   sus).
3. Ablativ des Ortes und der Zeit (Wo- und Wann-Kasus).

Besonderheiten bei der Übersetzung der Kasus 81

Somit hat der Ablativ **meist die Funktion einer Adverbialbestimmung,** viel seltener tritt er als Attribut und als Prädikatsnomen auf.

Keine Schwierigkeit bereitet die Übersetzung eines Ablativs, der von einer Präposition abhängt.

D Bei einem **Ablativ ohne Präposition muß geprüft werden,** ob er von einem anderen, übergeordneten Wort: meist Verb, seltener Adjektiv, vereinzelt Substantiv, abhängt. Ein solcher Ablativ wird unter Berücksichtigung der Bedeutung des übergeordneten Wortes und der lexikalischen Fügung übertragen. Ein nicht abhängiger, d. h. in die syntaktischen Grundbeziehungen nicht eingebundener Ablativ wird mit Hilfe der Fragestellungen (woher? wovon?, womit? wodurch?, wo? wann?) einer der drei oben angeführten Gebrauchsweisen zugeordnet und in der Regel mit einem entsprechenden Präpositionalausdruck wiedergegeben (zur seltenen Übersetzung als Objekt ↗ **120, 3.; 153**). In Sonderfällen ziehe man die Sprachlehre zu Rate, um die spezielle Anwendungsart des Ablativs und die sich daraus ergebende(n) besondere(n) Übersetzungsmöglichkeit(en) zu ermitteln. Jedoch ist eine scharfe Trennung dieser Spezialbedeutungen oft nicht möglich und für die Übersetzungspraxis auch nicht immer erforderlich.

Ablativ des Ausgangspunktes und der Trennung (Ablatīvus sēparātīvus, Woher- und Wovon-Kasus)

46 Zur Bezeichnung des Ausgangspunktes auf die **Frage: „Woher?"** steht der Ablativ **ohne Präposition** bei Namen von Orten und kleinen Inseln sowie bei domus (domō *„von zu Hause")*; oft ohne Präposition in Verbindung mit nātus und ortus *„abstammend"* zur Angabe der Herkunft. Im **Dt.** wird *„von, aus"* ergänzt.

Proficīscēmur Rōmā, Corinthō, Tarentō, Athēnīs, Delphīs, Carthāgine, Neāpolī, Dēlō, domō.	*Wir werden von Rom, Korinth, Tarent, Athen, Delphi, Karthago, Neapel, Delos, von zu Hause abreisen.*
Philosophus nōbilī genere (humilī locō) nātus (oder: ortus) erat.	*Der Philosoph stammte aus vornehmem Geschlecht (war von niedriger Herkunft).*

47 Einige Verben werden im Lat. auf die Frage: „Woher?" ergänzt, während im **Dt.** „Wo?" („Womit?") gefragt wird.

Amīcī Rōmā nāvem cōnscendērunt.	*Die Freunde bestiegen in Rom ein Schiff.*
Ex arbore bonī frūctūs pendent.	*Am Baum hängen gute Früchte.*
In docendō ā facillimīs rēbus incipere oportet.	*Beim Unterrichten muß man mit dem Leichtesten beginnen.*

Merke: ā tergō *im Rücken,* ā fronte *(von) vorn,* ā latere *an/ von der Seite*

82 Satzlehre

148 Bei einer großen Zahl von Verben und einigen Adjektiven, die ein Trennen
D und ein Getrenntsein bezeichnen, steht der Ablativ oft ohne Präposition. Im
Dt. ist dann *„von, aus"* zu ergänzen, manchmal auch ein Objekt zu verwenden.

Brūtus Rōmānōs dominaātū rēgiō	*Brutus befreite die Römer von der*
līberāvit.	*Königsherrschaft.*
Tarquinius, ultimus rēx, urbe	*Tarquinius, der letzte König, wurde*
(ex)pulsus est.	*aus der Stadt vertrieben.*
Nēmō vitiīs līber (oder: vacuus) est.	*Niemand ist frei von Fehlern.*
Homō cōnstāns cōnsiliīs nōn	*Ein charakterfester Mensch gibt seine*
dēsistit.	*Absichten nicht auf.*
Discipulī saepe pecūniā carent.	*Schüler haben oft kein Geld.*
Aegrōtī medicō egent.	*Kranke brauchen einen Arzt.*

149 **Bei Komparativen** steht oft der **Ablativ des Vergleichs** (Ablātīvus comparātiō-
D nis). **Dt.** *„als* + Nom. oder Akk."

Nihil est bellō miserius.	*Nichts ist schlimmer als der Krieg.*
Quid patriā magis amāmus?	*Was lieben wir mehr als unsere*
	Heimat?
Medicus vēnit omnium opīniōne	*Der Arzt kam (schneller als das*
celerius.	*Erwarten aller:) über Erwarten*
	schnell.
Hoc lūce clārius est.	*Das ist (heller als Licht:) sonnenklar.*

Im Ablativ des Vergleichs kann auch das Relativpronomen stehen.
Der lat. verneinte Komparativ wird im Dt. zum nicht verneinten Superlativ,
der vor den Relativsatz tritt:

Exstructum erat in Capitōliō	*Erbaut war auf dem Kapitol ein*
templum, quō nullum pulchrius	*Tempel, (im Vergleich zu dem die*
Rōmānī antea vīderant.	*Römer zuvor keinen schöneren*
	gesehen hatten:) der schönste, den die
	Römer bislang gesehen hatten.

Ablativ der Gemeinschaft und des Mittels (Ablātīvus sociātīvus und īnstrūmentālis, Womit- und Wodurch-Kasus)

150 Der Ablativ der Gemeinschaft kann die Art und Weise eines Geschehens bezeichnen: **Ablativ der Art und Weise** (Ablātīvus modī). Er steht **häufig ohne Präposition. Dt.** *„mit"* oder andere Präposition, Adverb.

Labōrāte summō (cum) studiō!	*Arbeitet mit höchstem Eifer/äußerst*
	eifrig!

Besonderheiten bei der Übersetzung der Kasus   83

Parentēs līberōs māgnā dīligentiā ēdūcant.	*Die Eltern erziehen die Kinder mit großer Sorgfalt/sehr sorgfältig.*

D Merke besonders:

iūre *mit Recht,* iniūriā *zu Unrecht,* meritō *nach Verdienst,* hōc modō *auf diese Weise,* eō cōnsiliō *in der Absicht,* eā condiciōne (oder: lēge) *unter der Bedingung,* mōre *nach Art,* aequō animō *mit Gleichmut, gleichmütig.*

51 Der Ablativ der Gemeinschaft kann die (mit einer Person oder Sache verbun-
D dene) Eigenschaft bezeichnen: **Ablativ der Eigenschaft** (Ablātīvus quālitātis). Er steht **ohne Präposition** und wird 1. als Attribut oder 2. als Prädikatsnomen bei sum verwendet. **Dt.** „*mit, von*", Adjektiv; beim Ablativ der Eigenschaft als Prädikatsnomen auch freiere Übersetzung, z. B. mit „*haben*".

Zu 1. Atticus, amīcus Cicerōnis, vir māgnō ingeniō fuit.	*Atticus, ein Freund Ciceros, war ein Mann mit (oder von) großer Begabung/ein hochbegabter Mann.*
zu 2. Atticus, amīcus Cicerōnis, māgnō ingeniō fuit.	*Atticus, ein Freund Ciceros, war von großer Begabung/sehr begabt.*
Bonō animō sīmus!	*Seien wir zuversichtlich!*
Caesar fuit nigrīs oculīs.	*Cäsar hatte schwarze Augen.*

Vgl. den Gen. der Eigenschaft ↗ **116.126**!

52 Der **Ablativ des Mittels** (im engeren Sinn) bezeichnet eine Sache als Mittel
D oder Werkzeug. Er steht **ohne Präposition**, im **Dt.** „*mit, durch*".

Hominēs vident oculīs, audiunt auribus.	*Die Menschen sehen mit den Augen und hören mit den Ohren.*
Labōre corpora fīrmāmus.	*Durch Anstrengung kräftigen wir (die:) den Körper.*
Multī sorte suā contentī nōn sunt.	*Viele sind mit ihrem Schicksal nicht zufrieden.*
Discipulus strēnuus laude dīgnus est.	*Der fleißige Schüler (ist mit Lob geziert/des Lobes würdig:) verdient Lob.*

Merke:

D 1. **afficiō + Ablativ** „*jemanden versehen mit etwas*" wird freier übersetzt:

praemiō afficere	*belohnen*
poenā afficere	*bestrafen*
honōre afficere	*ehren*
iniūriā afficere	*Unrecht zufügen, kränken*
Amīcus morbō affectus est.	*Der Freund ist erkrankt.*

84 Satzlehre

2. Oft entspricht einer lat. instrumentalen Auffassung im Dt. eine andere,
meist lokale („*in, auf*"), z. B.:

viā Appiā proficīscī	*(durch die:) auf der Via Appia reisen*
memoriā tenēre	*im Gedächtnis behalten*
certāmine vincere	*in einem Wettkampf (be)siegen*
baculō nītī	*sich auf einen Stock stützen*
artibus ērudīre	*in den Wissenschaften unterrichten*
Rōmānī flūmen ponte trānsiērunt.	*Die Römer überschritten den Fluß auf einer Brücke.*

153 Der Ablativ des Mittels steht bei einigen Deponentien, **Dt.** meist Akkusativob-
[D] jekt, z. B. ūtor *(Nutzen haben durch:) gebrauchen,* fungor *(sich beschäftigen mit:) verwalten, erfüllen;* fruor *(Genuß haben durch:) genießen;* potior *(mächtig werden durch:) sich bemächtigen, erlangen, erobern* sowie alicui opus est *(jemandem ist gedient mit:) jemand braucht.*

Tempore ūtāmur!	*Nutzen wir die Zeit!*
Officiō fungiminī et vītā fruiminī!	*Erfüllt eure Pflicht und genießt das Leben!*
Caesar imperiō potītus est.	*Cäsar errang die Herrschaft.*
Discipulō librīs opus est.	*Ein Schüler braucht Bücher.*

154 Der Ablativ des Mittels bezeichnet bei Verben der kaufmännischen Tätigkeit
den Preis: **Ablativ des Preises** (Ablātīvus pretiī).

Agricola equum māgnō pretiō ēmit (vēndidit).	*Der Bauer kaufte (verkaufte) das Pferd (durch einen:) zu einem hohen Preis.*
Quot sēstertiīs ager (cōn)stat?	*Wieviel Sesterze kostet das Land?*
Zum Genitīvus pretiī ↗ **127**	

155 Der Ablativ des Mittels bezeichnet bei Komparativen und komparativischen
[D] Begriffen die Größe des Unterschieds: **Ablativ des Maßes** (Ablātīvus mēnsū-
rae). **Dt.** (um +) Akkusativ, Adverb.

Tribus annīs māior sum quam frāter.	*Ich bin (durch drei Jahre:) drei Jahre älter als mein Bruder.*
Paulō post amīcus vēnit.	*Bald darauf kam der Freund.*
dimidiō minor (māior)	*um die Hälfte kleiner (größer)*
eō (oder: hōc) facilius	*um so leichter*
Quō (oder: quantō) celerius, eō (oder: tantō) melius.	*Je schneller, desto (um so) besser.*

Beachte: Sex annīs māior kann – entsprechend dem Kontext – bedeuten:
1. *Sechs Jahre älter* (Ablativ des Maßes)
2. *Älter als sechs Jahre* (Ablativ des Vergleichs, ↗ **149**).

Besonderheiten bei der Übersetzung der Kasus 85

56 Der Ablativ des Mittels kann zur Bestimmung des Begriffsumfanges von Verben und Nomina dienen: Ablativ der Begrenzung (Ablātīvus līmitātiōnis). **Dt.** (*hinsichtlich:*) „*an, nach, in*", manchmal unübersetzt.

Gallī linguā, īnstitūtīs, mōribus inter sē differunt.	*Die Gallier unterscheiden sich voneinander (durch:) in Sprache, Einrichtungen und Sitten.*
Māior nātū sum quam frāter.	*Ich bin (größer durch Geburt:) älter als mein Bruder.*
Duae fuērunt Ariovistī uxōrēs: ūna Suēba nātiōne, altera Nōrica.	*Ariovist hatte zwei Frauen: die eine war (der Abstammung nach) Suebin, die andere Norikerin.*

57 Der Ablativ des Mittels kann auch Ursache oder Grund bezeichnen: **Ablativ des Grundes** (Ablātīvus causae). **Dt.** (*infolge*) verschiedene Präpositionen.

Concordiā parvae rēs crēscunt, discordiā māximae dīlābuntur.	*Durch Eintracht gedeihen kleine Staaten, aus Zwietracht zerfallen die größten.*
Pater virtūte fīliī gaudēbat.	*Der Vater freute sich über die Tüchtigkeit seines Sohnes.*
Māter grāvī morbō labōrābat.	*Die Mutter litt an einer schweren Krankheit.*

Merke:
Cāsū *durch Zufall, zufällig;* nātūrā *von Natur (aus);* iussū *auf Befehl;* meā, tuā usw. sponte *aus eigenem Antrieb, freiwillig.*
Partizip beim Abl. des Grundes ↗ **202**!

Ablativ des Ortes und der Zeit (Ablātīvus locī und temporis, Wo- und Wann-Kasus)

58 Der **Ablativ des Ortes** steht auf die **Frage: „Wo?" ohne Präposition** bei Namen von Orten und kleinen Inseln, in Verbindungen mit locus *Ort* und tōtus *ganz* und in dem Ausdruck terrā marīque *(auf Land und Meer:) Zu Wasser und zu Lande.* Im **Dt.** wird „*in, auf (an)*" ergänzt.

Fuimus Athēnīs, Delphīs, Carthāgine, Neāpolī, Salamīne, multīs locīs, tōtā urbe.	*Wir waren in Athen, Delphi, Karthago, Neapel, auf Salamis, an vielen Orten, in der ganzen Stadt.*

Lokativ auf die Frage: „Wo?" ↗ **17, 4.; 21, 6.; 31, 2.**

| | | | 86 | | Satzlehre |

159
D Verben mit den Bedeutungen (sich) setzen, (sich) stellen, legen, schreiben, rechnen (zu) werden im **Lat.** auf die Frage: „**Wo?**" ergänzt, während im **Dt.** „**Wohin?**" gefragt wird.

Magister discipulīs imperat:	*Der Lehrer fordert die Schüler auf:*
Cōnsīdite in sēdibus, pōnite librōs in mēnsīs, scrībite verba nova in pugillāribus.	*Setzt euch auf eure Plätze, legt die Bücher auf den Tisch, schreibt die neuen Wörter auf die Täfelchen.*
Paulum in amīcīs numerō.	*Ich rechne Paul zu meinen Freunden.*

160 Der **Ablativ der Zeit** steht auf die Fragen: „**Wann?**", „Innerhalb welcher Zeit?" **meist ohne Präposition. Dt.** „*in, an*".

Graecī octāvō saeculō in Italiam vēnērunt.	*Die Griechen kamen im 8. Jh. (v. u. Z.) nach Italien.*
Decem diēbus Caesar Romam pervēnit.	*Cäsar gelangte in(nerhalb von) zehn Tagen nach Rom.*

Besonderheiten lateinischer Lokalbestimmungen (Zusammenfassung)

161 Lokalbestimmungen ohne Präposition, die bei der Übersetzung ins Dt. zu ergänzen ist

	wo?		**woher?**		**wohin?**	
Namen von Orten, kleinen Inseln sowie domus	Rōmae Corinthī Tarentī Dēlī domī	Lokativ bei Namen auf -us, -a, -um und domus ↗ 17, 4.; 21, 6.; 31, 2.	Rōmā Corinthō Tarentō Dēlō domō	Ablativ ↗ 146	Rōmam Corinthum Tarentum Dēlum domum Athēnās Delphōs Carthāginem Neāpolim	Akku- sativ ↗ 141
	Athēnīs Delphīs Carthāgine Neāpolī	sonst Ablativ ↗ 158	Athēnīs Delphīs Carthāgine Neāpolī			
locus, tōtus, terrā marīque	tōtā urbe multīs locīs terrā marīque					

Besonderheiten bei der Übersetzung von Substantiven und Adjektiven   87

162 Abweichende Wo-, Wohin- und Woher-Ergänzungen
1. Lateinisch: „**Wo?**", deutsch: „**Wohin?**" ↗ **159**
2. Lateinisch: „**Wohin?**", deutsch: „**Wo?**" ↗ **142**
3. Lateinisch: „**Woher?**", deutsch: „**Wo?**" ↗ **147**
Zum lateinischen Ablativ des Mittels, der im Deutschen als Lokalbestimmung
wiedergegeben wird („Wo?"), ↗ **152**, Merke 2.

Besonderheiten bei der Übersetzung
lateinischer Substantive und Adjektive

163 Adjektive als Attribute, die sich in Kasus, Genus und Numerus nach ihrem Be-
ziehungsort richten, und Substantive als Attribute (Appositionen), die sich im
Kasus nach ihrem Beziehungswort richten, sind im Lat. oft nachgestellt:

pater aegrōtus	*der kranke Vater*
populō Rōmānō	*dem römischen Volk*
linguae Latīnae	*der lateinischen Sprache*
Homērus poēta	*der Dichter Homer*
Ōstiae oppidī	*der Stadt Ostia*
in Siciliam īnsulam	*auf die Insel Sizilien.*

164 Lat. substantivierte Adjektive (und Pronomina) im **Neutrum Plural** werden
im Dt. mit **Neutrum Singular** wiedergegeben oder es werden Substantive er-
gänzt:

Metellus amīcusque Graecus Rōmae multa spectābant.	*Metellus und sein griechischer Freund betrachteten in Rom viel(es:) viele Sehenswürdigkeiten.*
Sapiēns omnia sua sēcum portat.	*Der Weise trägt (all das Seine:) seine gesamte Habe bei sich.*
Merke:	
Haec dīxit.	*Er sagte (dieses:) folgendes.*
Ea (omnia) fuērunt, quae dixerat.	*Das **war** (alles), was er gesagt hatte.*

165 Lat. Adjektive als Attribute werden im Dt. oft als Präpositionalattribute oder,
zusammen mit ihrem Beziehungswort, als Zusammensetzungen wiedergege-
ben:

pontifex māximus	*Oberpriester*
bellum cīvīle	*Bürgerkrieg*
ōrdō equester	*Ritterstand*
pūgna Salamīnia	*Schlacht bei Salamis*
pōculum aureum	*Becher aus Gold/Goldbecher.*

166	Lat. Adjektive bei Orts- und Zeitangaben bezeichnen oft nur einen Teil des dazugehörigen Substantivs und werden dt. durch Substantive wiedergegeben:	

Fuimus in summō monte, in mediā urbe.

prīmā lūce

Wir waren auf dem Gipfel des Berges, im Zentrum der Stadt (Stadtzentrum).

bei Tagesanbruch

Komparationsformen der Adjektive

167 1. **Komparativ** ohne Vergleichsglied bezeichnet eine Eigenschaft über das gewöhnliche Maß hinaus und wird im Dt. mit *„zu, etwas, ziemlich"* + Positiv wiedergegeben, z. B.:

Flūmen altius erat.

Der Fluß war (tiefer als erwartet:) zu tief/ziemlich tief.

2. Ein lat. Superlativ drückt nicht nur den höchsten Grad einer Eigenschaft (eigentlicher Superlativ), sondern – ohne Vergleichsglied – einen sehr hohen Grad **(Elativ)** aus und wird dann im Dt. mit *„sehr, außerordentlich"* + Positiv oder durch ein zusammengesetztes Adjektiv wiedergegeben:

urbs māxima

die größte Stadt **(Superlativ)**, aber auch: *eine sehr große/riesengroße Stadt* **(Elativ)**

Lobende und tadelnde Adjektive im Elativ können auch mit dem Positiv allein (auch ille oder homō bleiben unübersetzt) übersetzt werden:

Sōcratēs ille (homō)sapientissimus   *der weise Sokrates*

3. Beachte folgende Wendungen:

māior quam (oder Ablativ, ↗ **149**)
etiam māior
multō, paulō (↗ **155**) māior
longē māximus
quam māximus

größer als
noch größer
viel, etwas größer
bei weitem, weitaus der größte
möglichst groß

(Lat. quam + Superlativ, dt. *„möglichst"* + Positiv).

Adjektive und Substantive als prädikative Attribute und Appositionen (Prädikativa)

168 Lat. **Adjektive und Substantive** können, neben einem vollständigen Prädikat, auch **als eine Art zweites Prädikat** auftreten, sogenannte prädikative Attribute und Appositionen (Prädikativa, Singular: Prädikativum). Sie richten sich einerseits in der Form nach ihrem Beziehungswort (↗ **163**), haben aber andererseits – ähnlich wie die Adverbialbestimmung – auch ein zeitliches Verhältnis zum Prädikat, indem sie eine nur vorübergehende Eigenschaft für die Zeit

Besonderheiten bei der Übersetzung von Substantiven und Adjektiven   89

des vom Prädikat ausgedrückten Geschehens bezeichnen. **Dt.**: Adj. in der Grundform oder mit „*als*", Subst. mit „*als*" oder Präpositionalausdruck.

69 Prädikative Attribute sind Adjektive, die einen geistigen oder körperlichen Zustand und einen Ort oder eine Reihenfolge bezeichnen, sowie Adjektive, die eine Person oder Sache hervorheben:

Lēgātī tristēs in patriam revertērunt.   *Die Gesandten kehrten traurig in ihr Vaterland zurück* (d. h. sie waren traurig in der Zeit, als sie in ihr Vaterland zurückkehrten).

Cicerō in exiliō miserrimus vīvēbat.   *Cicero (lebte:) war in der Verbannung sehr niedergeschlagen.*

Sōcratēs laetus venēnum bibit.   *Sokrates trank heiter den Giftbecher.*

Invītōs nōs dīmīsit.   *Er entließ uns (unwillig:) gegen unseren Willen.*

Mātrem aegrōtam relīquī.   *Ich ließ die Mutter krank zurück.*

Amīcī mediī/superiōrēs stābant.   *Die Freunde standen in der Mitte/weiter oben.*

Frāter prīmus vēnit.   *Der Bruder kam zuerst/als erster.*

Vilicus prīmus cubitū surgat, postrēmus cubitum eat.   *Der Gutsverwalter erhebe sich **als** erster vom Schlafe, **als** letzter gehe er zur Ruhe.*

In diesen Zusammenhang gehören auch sōlus (↗ **38, Anm. 1**) und ipse (↗ **57, 2.**).

70 Prädikative Appositionen sind Substantive, die ein Lebensalter oder ein Amt bezeichnen:

Catō senex linguam Graecam didicit.   *Cato lernte **als** alter Mann/im Alter Griechisch.*

Cicerō cōnsul coniūrātiōnem Catilīnae dētēxit.   *Cicero deckte **als** Konsul/während seines Konsulats die Verschwörung Catilinas auf.*

Gallī mīsērunt lēgātōs nōbilissimōs cīvitātis.   *Die Gallier schickten **als** Gesandte die Vornehmsten des Stammes.*

Zu Prädikativa in Partizipialkonstruktionen ↗ **207–215.**

	Satzlehre

Besonderheiten bei der Übersetzung lateinischer Pronomen

171 Personalpronomen

1. Lat. Personalpronomen betont ↗ **51, 1.**
2. Unterscheidung der Formen nostrum, vestrum von nostrī, vestrī ↗ **51, 2.**

172 Reflexivpronomen

D Das lat. Reflexivpronomen kann sich
1. im A.c.I. (↗ **196–200**) oder
2. in einer Partizipialkonstruktion (↗ **207–215**) oder
3. in einem innerlich abhängigen Nebensatz (↗ **192**)

auf das übergeordnete Subjekt beziehen und wird in solchen Fällen mit dem Personalpronomen der 3. Person (er; sie; es; sie) wiedergegeben.

Zu 1.

Mārcus scrībit sē
in urbem advēnisse.

*Marcus schreibt, **er** sei in der
Stadt angekommen.*

Mārcus scrībit amīcōs sibi
adfuisse.

*Marcus schreibt, die Freunde hätten
ihm geholfen.*

Mārcus scrībit amīcōs sēcum
fuisse.

*Marcus schreibt, die Freunde seien
bei ihm gewesen.*

Zu 2.

Mārcus canem sibi
occurrentem fūgit.

*Marcus lief vor einem Hund davon,
der **ihm** entgegenkam.*

Mārcus sē absente portam
claudī iussit.

*Marcus befahl, wenn **er** abwesend
sei, die Tür zu schließen.*

Zu 3.

Māter Mārcum rogāvit, ut **sibi**
scrīberet.

*Die Mutter bat Marcus, **ihr** zu
schreiben.*

Besonderheiten bei der Übersetzung der Pronomen   91

Beachte aber:
Das Reflexivpronomen kann sich auch auf den Akkusativ des A.c.I. bzw. auf
das Subjekt des innerlich abhängigen Satzes beziehen und wird dann wörtlich
übersetzt:

Scrīptōrēs antīquī nārrant   *Antike Schriftsteller erzählen,*

Croesum māgnās dīvitiās sibi   *Kroisos habe **sich** großen Reichtum*
comparāvisse.   *erworben.*

Ariovistus dixit Caesarem **suō** adventū   *Ariovist behauptete, Cäsar habe durch*
vectīgālia **sibi** deteriōra fēcisse.   *__sein__ (Cäsars) Vordringen (in Gallien)*
                                            __ihm__ (dem Ariovist) die Einkünfte
                                            vermindert.

Die Entscheidung über den Bezug der Reflexivpronomen muß man also mit-
unter vom Kontext her fällen. Vgl. auch ↗ **173, 4**.

73 Possessivpronomen

1. Im Dt. zu ergänzen ↗ **54, 3**.
2. Bei substantivierten Possessivpronomen ist im Dt. oft ein Beziehungswort
zu ergänzen:

Hōc certāmine nostrī vīcērunt.   *In diesem Wettkampf (siegten die*
                                            Unseren:) siegte unsere Mannschaft.

3. Meum est, tuum est usw. entspricht dem Genitiv des Besitzers in übertra-
gener Bedeutung (↗ **125**):

Nostrum est lēgibus obtemperāre.   *Es ist unsere Pflicht, die Gesetze*
                                            einzuhalten.

4. Das reflexive Possessivpronomen suus kann den gleichen Bezug haben wie
das Reflexivpronomen (↗ **172**):

Siculī ōrābant, ut Cicerō patrōnus suus esset.

Die Einwohner Siziliens baten, daß Cicero ihr Anwalt sei.

Vgl. dazu auch ↗ **172, 3**.

92   Satzlehre

174 Relativpronomen

1. Relativpronomen im Ablativ des Vergleichs ↗ **149**
2. Relativer Anschluß

☐D Ein lat. Relativpronomen an der Spitze eines Hauptsatzes oder eines ein Satz-
gefüge einleitenden Nebensatzes (also nach einem Punkt oder Semikolon)
wird mit „(und, aber, denn, also) dieser, (d)er" übersetzt.

Medicum vocāvimus;	*Wir riefen einen Arzt;*
quī celeriter vēnit,	*(und)* **dieser** *kam schnell,*
quī nōn vēnit.	*aber* **dieser** *kam nicht.*
Hic liber ūtilis est; **quem** lege!	*Dieses Buch ist nützlich; lies* **es** *also!*
Quae cum dīxissem, abiī.	*Nachdem ich* **das** *gesagt hatte, ging*
	ich davon.

☐D 3. Ein Relativpronomen als Akkusativ eines A.c.I (↗ **196–200**) kann nicht
wörtlich wiedergegeben werden:

> Cicerōnem admīrāmur, quem summum ōrātōrem fuisse scīmus.
> *Wir bewundern Cicero,*
> – **von dem wir wissen, daß er** *ein sehr bedeutender Redner war;*
> – **der, wie wir wissen,** *ein sehr bedeutender Redner war;*
> –**der bekanntlich** *ein sehr bedeutender Redner war.*

Zu Pronomen im Neutrum Plural ↗ 164

Zum Gebrauch von Indefinitpronomen ↗ 61–64

Verb

Besonderheiten bei der Übersetzung finiter Verbformen

Genera verbī

75 Aktiv

Das lat. Aktiv wird mit **„lassen"** + **Infinitiv** übersetzt, wenn es sich aus dem Kontext versteht, daß das Subjekt die Handlung nicht persönlich ausführt:

Caesar pontem in Rhēnō fēcit.   *Cäsar ließ eine Brücke über den Rhein bauen.*

76 Passiv

1. Passivformen mit **„man"** übersetzt ↗ **111, 1. 176, 5.**
2. Lat. Passivformen werden im **Dt.** oft durch reflexive oder intransitive Verben wiedergegeben (mediales Passiv, vgl. ↗ **90, 1.**):

Tempora mūtantur, nōs et mūtāmur in illīs.   *Die Zeiten ändern sich, und wir verändern uns in ihnen.*

Terra movētur.   *Die Erde bewegt sich/bebt.*

So auch:

Augeor *sich vermehren, zunehmen;* minuor *sich vermindern, abnehmen;* fallor *sich täuschen;* corrumpor *verderben;* frangor *zerbrechen.*

3. Formen der Perfekt-Passiv-Gruppe (↗ **89**) können auch die Bedeutung des **dt. Zustandspassivs** haben; in diesem Fall wird in der Übersetzung „worden" weggelassen.

Porta clausa est.   *Das Tor ist geschlossen worden* (Abschluß der **Tätigkeit**). *Das Tor ist geschlossen* (**Resultat** der Tätigkeit).

Gallia est divisa in partes tres.   *Gallien (ist in drei Teile geteilt:) gliedert sich in drei Teile.*

4. Auch das Präsens Passiv mancher lat. Verben kann den Zustand bezeichnen und kann dann mit dt. Zustandspassiv wiedergegeben werden:

Cōgor tē vituperāre.   *Ich bin gezwungen, dich zu tadeln.*

Īnsula undique marī clauditur (oder: cingitur).   *Eine Insel (wird:) ist auf allen Seiten vom Meer umschlossen.*

Urbs nātūrā locī mūnītur.   *Die Stadt (wird:) ist durch ihre natürliche Lage geschützt.*

5. Bei den Passivformen coeptus sum (von coepī *angefangen haben*) und dēsitus sum (von dēsinō *aufhören*) mit dem Infinitiv Präsens Passiv werden am besten beide Teile aktiv übersetzt:

Domūs aedificārī coeptae sunt.

(Häuser wurden begonnen gebaut zu werden:)
Man *begann, Häuser zu bauen.*

Bellum gerī dēsitum est.

Man *hörte auf, Krieg zu führen.*

Tempora

Tempora in Hauptsätzen

177 Präsens

D 1. Präsens Passiv zur Bezeichnung des Zustandes ↗ **176, 4.**

2. Das Präsens wird zur lebhaften Vergegenwärtigung für Ereignisse der Vergangenheit angewandt
(Erzählendes Präsens, Praesēns historicum) und kann dann mit Präteritum übersetzt werden:

Rōma in perīculō erat. Tum patrēs lēgātōs mittunt.

Rom war in Gefahr. Da (schicken:) schickten die Senatoren Gesandte.

Caesar Rōmā proficīscitur et in Galliam contendit.

Cäsar brach von Rom auf und eilte nach Gallien.

178 Futur I

D 1. Zum umschreibenden Futur mit -ūrus sum ↗ **205.**

2. Im Lat. wird für zukünftige Ereignisse in der Regel das Futur verwendet; im Dt. oft Präsens:

Crās proficīscēmur. Tū domī manēbis.

Morgen reisen wir ab. Du bleibst zu Hause.

179 Imperfekt

Das lat. Imperfekt wird in der Regel mit dt. Präteritum wiedergegeben.

D Als Tempus noch nicht abgeschlossener Ereignisse kann es auch den Versuch bezeichnen (Versuchsimperfekt, Imperfectum dē cōnātū):

Frūstrā mē dēcipiēbās.

Vergeblich hast du versucht, mich zu täuschen.

Flūmen transībant, sed aqua altior erat.

Sie versuchten, den Fluß zu überqueren, aber das Wasser war zu tief.

Besonderheiten bei der Übersetzung finiter Verbformen   95

30 Perfekt, Plusquamperfekt, Futur II

1. Perfekt-Passiv-Gruppe mit der Bedeutung des Zustandspassivs ↗ **176, 3.**

2. Das lat. Perfekt wird, als Tempus der Erzählung gebraucht (historisches Perfekt), im Dt. mit Präteritum wiedergegeben:

Vēnī, vīdī, vīcī. (Cäsar)   *Ich kam, ich sah, ich siegte.*

3. Das lat. Perfekt, Plusquamperfekt und Futur II kann, zur Bezeichnung des Ergebnisses einer abgeschlossenen Handlung, im Dt. mit Präsens, Präteritum und Futur I wiedergegeben werden:
(cōg)nōvī: *(ich habe kennengelernt) ich kenne, weiß;*
(cōg)nōveram: *(ich hatte kennengelernt) ich kannte/wußte;*
cōnsuēvī: *(ich habe mich gewöhnt:) ich bin gewohnt/pflege.*
Nur im Perfekt-Aktiv-Stamm:
meminī *ich erinnere mich,* memineram *ich erinnerte mich,*
meminerō *ich werde mich erinnern;*
ōdī *ich hasse.*

Tempora in Nebensätzen

31 Im Lat. wird in Nebensätzen, auch wenn es sich um wiederholte oder zukünftige Ereignisse handelt, anders als im Dt. das **Zeitverhältnis** zum übergeordneten Satz (**Gleichzeitigkeit** oder **Vorzeitigkeit**) durch die Wahl des Tempus zum Ausdruck gebracht. Im Dt. steht statt lat. Perfekts und Futurs meist Präsens (für lat. Futur II auch Perfekt), statt lat. Plusquamperfekts Präteritum:

Gaudēbō, sī mē vīsitābis.   *Ich freue mich (↗ **178, 2**), wenn du mich besuchst.*

Ubi aliquid audīverō, tibī scrībam.   *Sobald ich etwas erfahre (erfahren habe), schreibe ich dir.*

Cum in vīllam vēnī, ōtiō fruor.   *Wenn ich auf das Landgut komme, genieße ich die Ruhe.*

Quī Olympiae vīcerat, olīvā corōnābātur.   *Wer in Olympia siegte, wurde mit dem Ölzweig bekränzt.*

32 Der Indikativ Perfekt nach postquam *„nachdem"* wird mit Plusquamperfekt, nach den Konjunktionen, die *„sobald"* bedeuten (z. B. ubi), bei Bezeichnung **einmaliger Ereignisse der Vergangenheit,** mit Plusquamperfekt oder Präteritum übersetzt.

Postquam (ubi) in urbem vēnī, amīcum vīsitāvī.   *Nachdem (sobald) ich in die Stadt gekommen war, besuchte ich den Freund.*

Ubi potuī, opus fīnīvī.   *Sobald ich konnte, beendete ich die Arbeit.*

96 Satzlehre

183 Nach **dum** in der Bedeutung „*während*" steht im Lat. auch bei Ereignissen der Vergangenheit der Indikativ Präsens; im Dt. Präteritum:

Dum Archimēdēs figūrās in pulvere scrībit, patria eius expūgnābātur.	*Während Archimedes geometrische Figuren in den Sand zeichnete, wurde seine Heimatstadt erobert.*

Modi

Indikativ und Imperativ

184 Indikativ und Imperativ werden im allgemeinen wie im Dt. gebraucht. In einigen Fällen kann jedoch der lat. Indikativ durch den dt. Konjunktiv wiedergegeben werden; für die Gegenwart steht im Dt. der Konjunktiv Präteritum, für die Vergangenheit der Konjunktiv Plusquamperfek.

⟦D⟧

1. Bei den persönlichen und unpersönlichen Ausdrücken des Könnens, Müssens und der Angemessenheit:

Possum multum nārrāre; sed taceō.	*Ich könnte viel erzählen; aber ich schweige.*
Amīcus dēbuit multum nārrāre; sed tacuit.	*Der Freund hätte viel erzählen müssen; aber er schwieg.*
Aequum est (melius fuit) tacēre.	*Es wäre angemessen (besser gewesen) zu schweigen.*

2. In Verbindung mit paene und prope „*beinahe, fast*" und verneinten Ausdrücken des Glaubens:

Paene cecidī.	*Beinahe wäre ich gefallen.*
Numquam id putāvī.	*Niemals hätte ich das geglaubt.*

185 Der Imperativ Futur (so genannt, weil er sich nicht an anwesende Personen richtet, sondern allgemeine Vorschriften enthält) wird mit „sollen" oder dem Imperativ übersetzt:

Erranti viam mōnstrātō!	*Einem, der falsch geht, sollst du den richtigen Weg zeigen/zeige den richtigen Weg!*
Cōnsulēs ūnum annum mūnere funguntor!	*Die Konsuln sollen ihr Amt ein Jahr bekleiden!*

Beachte:
Sciō und meminī haben nur den Imperativ Futur:

Scitō! Scitōte!	*Wisse! Wisset!*
Mementō! Mementōte!	*Erinnere dich! Erinnert euch!*

Besonderheiten bei der Übersetzung finiter Verbformen   97

Konjunktiv

Konjunktiv in Hauptsätzen

86 Allgemeines: Der Konjunktiv ist, zumal in Hauptsätzen, im Dt. seltener als im Lat.; deswegen wird er oft durch *„wollen, sollen, mögen, können, würde"*, auch durch Infinitiv mit Modalverb. wiedergegeben.

Übersicht zum Gebrauch des Konjunktivs

		1. Aufforderung, erfüllbarer Wunsch	2. Möglichkeit	3. Unwirklichkeit, unerfüllb. Wunsch
Konjunktiv	**Präsens**	dīcat: *er soll / möge sagen;* dīcāmus: *sagen wir!*	dīcat aliquis: *jemand könnte sagen;* Quid dīcam? *Was könnte / soll ich sagen?*	
	Imperfekt		dīcerēs: *man hätte sagen können* Quid dīcerem?: *Was hätte ich sagen können / sollen?*	dīceret: *er würde sagen* utinam dīceret: *wenn er doch sagte!*
	Perfekt	nē dīxeris!: *sage nicht!* nē dīxeritis: *sagt nicht!*	dīxerit aliquis: *jemand könnte sagen*	
	Plqpf.			dīxisset: *er hätte gesagt* Utinam dīxisset: *wenn er doch gesagt hätte!*

Erläuterungen zur Übersicht

7 Konjunktiv zur Bezeichnung der **Aufforderung** und des **erfüllbar gedachten**
Wunsches
1. Meist Konjunktiv Präsens:

(Utinam) sānus redeam!

Valeās! Valeātis!
(Utinam) nē sērō veniās!

Käme ich doch gesund zurück!
Hoffentlich kehre ich gesund zurück!
Leb wohl! Lebt wohl!
Komm bitte nicht zu spät!

Amīcus vocētur!	*Der Freund soll/möge gerufen werden!*
Eāmus!	*Wir wollen gehen/gehen wir! Laßt uns gehen!*
Gaudeāmus igitur!	*Seien wir also fröhlich!*
Videant cōnsulēs, nē quid dētrimentī capiat rēs pūblica.	*Die Konsuln sollen/mögen zusehen, daß der Staat keinen Schaden nehme.*

2. **Nē + Konjunktiv Perfekt** bezeichnet ein **Verbot**, im **Dt. Imperativ + nicht:**
Nē timuerīs! Nē timuerītis! *Fürchte dich nicht! Fürchtet euch nicht!*
Verbot auch mit nōlī(te) ↗ **95, Anm. 1**

188 Konjunktiv zur Bezeichnung der **Möglichkeit**
1. Konjunktiv Präsens oder Perfekt für die Gegenwart;
2. Konjunktiv Imperfekt für die Vergangenheit.

zu 1.

Id nōn crēdiderim.	*Das kann/möchte ich nicht glauben.*
Quid faciam?	*Was könnte/soll ich tun?*
Dīcat oder dīxerit aliquis hoc falsum esse.	*Jemand könnte sagen* (oder: *sagt vielleicht*), *das sei falsch.*
Crēdās.	*(Du könntest:) Man könnte glauben.*

Anm.:
Dieser Konjunktiv kommt auch im konditionalen Satzgefüge (= Hauptsatz + durch sī, nisi eingeleitetem Nebensatz) vor:

Sī hoc dīcās (oder: dīxeris), errēs (oder: errāveris).	*Wenn du dies behaupten solltest (würdest), dürftest (würdest) du dich irren.* Dt. auch Indikativ: *Wenn du das behauptest, irrst du dich.*
Zu 2.	
Quid facerēmus?	*Was hätten wir tun können/sollen?*
Dīcerēs, crēderēs, vidērēs.	*(Du hättest:) Man hätte sagen/glauben/sehen können.*

189 Konjunktiv zur Bezeichnung der **Unwirklichkeit** und des **unerfüllbaren Wunsches.**
1. Konjunktiv Imperfekt für die Gegenwart, dt. Konjunktiv Präteritum, würde-Form;
2. Konjunktiv Plusquamperfekt für die Vergangenheit, dt. Konjunktiv Plusquamperfekt.
zu 1.

Utinam frāter vīveret!	*Wenn doch (noch) mein Bruder lebte!*
Sine amīcīs vīta trīstis esset.	*Ohne Freunde wäre das Leben traurig.*

Besonderheiten bei der Übersetzung finiter Verbformen

Zu 2.

Utinam frāter nē mortuus esset!

Wenn doch mein Bruder nicht gestorben wäre!

Sine tē dēspērāvissem.

Ohne dich hätte ich die Hoffnung aufgegeben.

Anmerkung:

Dieser Konjunktiv steht besonders im konditionalen Satzgefüge (= Hauptsatz + durch sī, nisi eingeleitetem Nebensatz):

Tibi adessēmus (adfuissēmus), nisi ipsī auxiliō egērēmus (eguissēmus).

Wir würden dir helfen (hätten dir geholfen), wenn wir nicht selbst Hilfe brauchten (gebraucht hätten).

Konjunktiv in Nebensätzen

Tempusgebrauch

90 Die meisten konjunktivischen Nebensätze, vor allem die innerlich abhängigen (↗ 192), richten sich – zur Bezeichnung des Zeitverhältnisses (vgl. ↗ 181) – in ihrem Tempus nach dem des übergeordneten Satzes. Die Regeln dieser **Zeitenfolge (Cōnsecūtiō temporum)** veranschaulicht die folgende Tabelle.

übergeordneter Satz	Nebensatz		
	Gleichzeitigk.	Vorzeitigk.	Nachzeitigkeit
Tempus der Gegenwart oder Zukunft Interrogō amīcum *Ich frage den Freund*	Konjunktiv Präsens quid ibi agat *was er dort tut*	Konjunktiv Perfekt quid ēgerit *was er getan hat*	-ūrus sim (↗ 205,2) quid āctūrus sit *was er tun wird*
Tempus der Vergangenheit Interrogāvī amīcum *Ich fragte den Freund*	Konjunktiv Imperfekt quid ibi ageret *Was er dort tat/tue, täte*	Konjunktiv Plusquamperf. quid ēgisset *was er getan hatte/habe, hätte*	-ūrus essem (↗ 205,2) quid āctūrus esset *was er tun werde/würde*

1 Das Zeitverhältnis des Nebensatzes zum übergeordneten Satz muß auch bei der Übersetzung ins Dt. zum Ausdruck gebracht werden, jedoch sind wir manchmal weniger genau:

Amīcus, cum haec audīvisset, domum profectus est.

Als der Freund das (gehört hatte:) hörte, reiste er nach Hause ab.

| 100 | Satzlehre |

Lūcius prōmittit sē scriptūrum esse,
sī quid novī audīverit.
Lūcius prōmīsit sē scriptūrum esse,
sī quid novī audīvisset.

Lucius verpricht ⎫ *zu schreiben, wenn*
⎬ *er etwas Neues*
Lucius versprach ⎭ *gehört habe/höre.*

Statt Futur II (↗ 181) steht also in konjunktivischen Nebensätzen Konjunktiv Perfekt bzw. Plusquamperfekt.

Innerliche Abhängigkeit

192 Der Konjunktiv steht im Lat. immer bei innerlicher Abhängigkeit von Nebensätzen, auch wenn diese sonst den Indikativ haben.

☐D 1. Innerlich abhängig sind Nebensätze, die der Autor nicht als seine eigene Feststellung, sondern als Äußerung oder Gedanken einer anderen Person (gewöhnlich des Subjekts des übergeordneten Satzes) hinstellt, so auch in der indirekten Rede (↗ **224**). In diesem Fall verwenden wir auch im Dt. den Konjunktiv:

Māter mē surgere nōn sinit, quod
aegrōtus sim.

Die Mutter läßt mich nicht aufstehen,
weil ich – (nach Meinung der Mutter)
– krank sei.

Athēniēnsēs Sōcratem accūsāvērunt,
quod filiōs suōs corrumperet.

Die Athener klagten Sokrates an, daß
er ihre Söhne verderbe.

Caesar ā sociīs frūmentum
postulāvit, quod sibi policitī essent.

Cäsar forderte von den Bundesgenossen das Getreide, das sie ihm versprochen hätten.

☐D 2. Als innerlich abhängig gelten im Lat. auch die indirekten Fragesätze und die Aufforderungs- und Zwecksätze mit ut *„daß, damit"* und nē *„daß nicht, damit nicht"* sowie die meisten Sätze mit quīn *„daß"*; in der deutschen Übersetzung steht neben dem Konjunktiv der Indikativ, auch *(um) zu + Infinitiv:*

Māter mē interrogāvit, num sānus
(sānusne) essem.

Die Mutter fragte mich, ob ich gesund
sei.

Discipulus petit ā magistrō, ut sibi
adsit.

Der Schüler bittet den Lehrer, daß er
ihm hilft/ ihm helfe/ ihm zu helfen.

Servus celeriter fūgit, nē quis sē
caperet.

Der Sklave floh schnell, damit keiner
ihn fing/ fange.

Nōn recūsō, quīn veniam.

Ich weigere mich nicht zu kommen.

3. Zum Gebrauch des Reflexivpronomens in innerlich abhängigen Nebensätzen ↗ **172,3 und 173,4.**

193 Weitere Konjunktionalsätze im Konjunktiv und konjunktivische Relativsätze

☐D 1. Außer ut, nē, quīn (↗ **192,2**) können auch andere Konjunktionen mit dem

Besonderheiten bei der Übersetzung finiter Verbformen   101

Konjunktiv stehen; darüber informiert das Wörterbuch. Im Dt. verwenden wir meist den Indikativ:

Cum aegrōtus essem, hunc librum lēgī.	*Als ich krank war, las ich dieses Buch.*

Beachte:
Bei der Übersetzung ins Dt. ist besonders auf **ut** und **cum** zu achten, die sowohl mit dem Indikativ als auch mit dem Konjunktiv gebraucht werden und dadurch unterschiedliche Bedeutungen erhalten. Außerdem muß der Kontext stets angemessen berücksichtigt werden.

D 2. **Nē** wird nach Verben des Füchtens und Hinderns unverneint (mit „*daß*", Infinitiv mit zu) wiedergegeben (nē nōn oder ut „*daß nicht*"):

Timeō, **nē** sērō veniam.	*Ich fürchte, daß ich zu spät komme/ zu spät zu kommen.*
Nāvis ventīs impedīta est, nē portū ēveheretur.	*Das Schiff wurde durch den Wind gehindert, den Hafen zu verlassen.*

3. Zu Bedingungssätzen im Konjunktiv ↗ **188, Anm.** und **189, Anm.**

4. Relativsätze

D Der Konjunktiv in Relativsätzen verweist darauf, daß sie den Sinn konjunktivischer konjunktionaler Nebensätze haben:

Lēgātī missī sunt, quī dē pāce agerent.	*Es wurden Gesandte geschickt, die über den Frieden verhandeln sollten = damit sie verhandelten/um zu verhandeln.*
Sunt, quī id crēdant.	*Es gibt Leute, die das glauben (= solche Leute, daß sie das glauben).*
Stultus es, quī id crēdās.	*Du bist töricht, (der:) da du das glaubst.*

4 Zusammenfassung lateinischer Konjunktionen mit besonderem Tempus- und Modusgebrauch

cum	↗ **189. 191. 193,1.**
dum „während"	↗ **183.**
nē	↗ **192,2. 193,2. 199,1. 2.**
nisi	↗ **188, 2, Anm. 189, Anm. 191.**
postquam	↗ **182.**
quīn	↗ **192,2.**
sī	↗ **181. 188, Anm. 189, Anm. 191.**
ubi und andere „sobald"- Konjunktionen	↗ **181 und 182.**
ut	↗ **192,2. 193,1. 2. 199, 1,2.**

Besonderheiten bei der Übersetzung infiniter Verbformen

Infinitiv

195 Der Infinitiv Präsens kann als Prädikat zur lebhaften Darstellung vergangener Ereignisse und Zustände dienen: im **Dt.** Präteritum:

Cottīdiē Caesar ab Haeduīs frūmentum postulāre. Diem ex diē dūcere Haeduī. Cōnferrī, comportārī, iam adesse dīcere.	*Täglich forderte Cäsar von den Häduern Getreide. Tag für Tag hielten ihn die Häduer hin. Es werde gesammelt, geliefert, sei schon da, sagten sie.*

Akkusativ mit Infinitiv

(Accūsātīvus cum infinītīvō, A. c. I.)

196 Allgemeines

Lat. Videō amīcum venīre entspricht dem dt. „*Ich sehe den Freund kommen*", kann aber auch übersetzt werden: „*Ich sehe, daß der Freund kommt*". Da der A. c. I. im Lat. viel häufiger ist als im Dt., beispielsweise auch von den Verben mit der Bedeutung: wahrnehmen, sagen, denken und einigen Verben der Willenseinwirkung (z. B. iubeō, vetō) (als Objekt) und unpersönlichen Ausdrücken (als Subjekt) abhängen kann, kann er meist nicht wörtlich wiedergegeben werden. Als Erstübersetzung empfiehlt sich in jedem Fall ein daß-Satz, in dem der lat. Infinitiv zum Prädikat, der Akkusativ zum Subjekt wird. Erst danach formuliere man um, bessere man stilistisch nach – siehe unten **200**! Dabei ist zu beachten:

197 **Infinitive bezeichnen** also nicht die absolute Zeit (Zeitstufen: Gegenwart, Vergangenheit, Zukunft), sondern die relative Zeit (**Zeitverhältnis** zum Prädikat des Satzes: Gleichzeitigkeit, Vorzeitigkeit, Nachzeitigkeit).

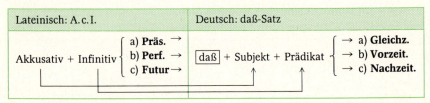

Zu a) Tē vērum **dīcere** sciō.   *Ich weiß, daß du die Wahrheit **sagst**.*
Zu b) Tē vērum **dīxisse** sciō.   *Ich weiß, daß du die Wahrheit **gesagt hast**.*
Zu c) Tē vērum **dictūrum (esse)** sciō.   *Ich weiß, daß du die Wahrheit **sagen wirst**.*

Zu Besonderheiten im Gebrauch des Reflexivpronomens ↗ **172.1**.

Besonderheiten bei der Übersetzung infiniter Verbformen   103

198 Bei einigen Verben (z. B. prōmittō *versprechen*, spērō *hoffen*, iūrō *schwören*) wird im Lat. die Nachzeitigkeit (durch Verwendung des Infinitivs Futur) genauer beachtet als im Dt., wo meist Präsens bzw. Infinitiv Präsens (nach ↗ **200**, Beispiel 3) verwendet wird:

Prōmittō (spērō) mē ventūrum esse.   *Ich verspreche (hoffe), daß ich*
                                     (kommen werde:) komme / zu
                                     kommen.

199 1. Steht nach einem Verb der in ↗ **196** genannten Gruppen ein Satz mit ut/ nē, so handelt es sich nicht um eine Aussage, sondern um eine Aufforderung. Vergleiche:

Cicerō scrībit Tīrōnem ventūrum   *Cicero schreibt, Tiro werde kommen.*
esse.
Cicerō scrībit, ut Tīrō veniat.   *Cicero schreibt, Tiro solle kommen.*

|D| 2. Einige Verben haben mit dem A. c. I. (Bezeichnung einer Aussage) eine andere Bedeutung als mit den Konjunktionen ut und nē (Bezeichnung einer Aufforderung), z. B.:

persuādeō ⎫	*überzeugen* ⎫		*überreden*
(ad)moneō ⎬ + **A. c. I.**:	*erinnern* ⎬ + **ut, nē:**		*ermahnen*
concēdō ⎭	*zugeben* ⎭		*erlauben*

200 Ein A. c. I. läßt sich **nicht nur** durch einen **daß-Satz** wiedergeben:

|D|
> Putō mē nōn errāre
>
> 1. *Ich glaube, daß ich mich nicht irre* (daß-Satz);
> 2. *Ich glaube, ich irre mich nicht* (Nebensatz ohne Konjunktion);
> 3. *Ich glaube, mich nicht zu irren* (Infinitiv mit zu bei einigen dt. Verben, wenn das Subjekt gleich bleibt;
> 4. *Wie ich glaube, irre ich mich nicht* (Hauptsatz mit Vergleichsnebensatz);
> 5. *Meiner Meinung nach irre ich mich nicht* (Hauptsatz mit Präpositionalausdruck);
> 6. *Vermutlich irre ich mich nicht/ ich irre mich wohl nicht* (Hauptsatz mit Modalwort).

201 Nominativ mit Infinitiv

|D| (Nōminātīvus cum īnfīnītīvō, N. c. I.)
Bei einigen Verben, die im **Aktiv** mit einem **A. c. I.** verbunden werden, tritt an die Stelle des A. c. I. ein **N. c. I.**, wenn diese Verben im **Passiv** stehen.

104   Satzlehre

Die **Wiedergabe im Dt.** ergibt sich aus den Beispielen:

Puellae aegrōtae esse videntur.	*Die Mädchen scheinen krank zu sein;/ es scheint, daß die Mädchen krank sind: anscheinend sind die Mädchen krank.*
Sānus esse dīceris.	*Man sagt, du seiest gesund: du sollst gesund sein: angeblich bist du gesund.*
Dīvitēs esse putāminī.	*Man glaubt, ihr seid reich.*
Cicerō in exilium īre iussus est.	*Cicero wurde befohlen, in die Verbannung zu gehen.*
Ab imperātōre Cōnstantīnō colōnī locō cēdere vetitī sunt.	*Von Kaiser Konstantin wurde den Kolonen verboten, ihr Land zu verlassen.*
Homērus caecus fuisse trāditur.	*Es wird überliefert, Homer sei blind gewesen.*

Partizip

Besonderheiten bei der Übersetzung von Partizipien

202 Das Partizip Perfekt Passiv bei einem Ablativ des Grundes ↗ **157**, der eine Ge-
D mütsstimmung ausdrückt, bleibt unübersetzt:
amōre permōtus *aus Liebe,*
hūmānitāte adductus *aus Menschlichkeit,*
timōre perterritus *aus Furcht.*

203 Präpositionale Attribute sind im Lat. selten. Solche Präpositionalausdrücke
D werden fast immer von einem Partizip, seltener einem Adjektiv, gestützt. Die-
ses bleibt im Dt. normalerweise unübersetzt:

pūgna ad Cannās commissa	*die (bei Cannae gelieferte Schlacht:) Schlacht bei Cannae*
pōns in Tiberī factus	*die (über den Tiber gebaute Brücke:) Brücke über den Tiber*
domus in urbe sita	*das (in der Stadt gelegene Haus:) Haus in der Stadt*

204 Ein lat. Partizip ist manchmal für den Sinn wichtiger als sein Beziehungswort;
D es wird dann im Dt. durch ein Verbalsubstantiv wiedergegeben, das lat. Bezie-
hungswort davon abhängig gemacht:

Sōlem orientem admīrātus sum.	*Ich bewunderte (die aufgehende Sonne:) den Aufgang der Sonne/ den Sonnenaufgang.*

Besonderheiten bei der Übersetzung infiniter Verbformen   105

| ab urbe conditā | Seit Gründung der Stadt (d. h. Roms) |
| Caesar interfectus rem pūblicam commōvit. | (Der ermordete Cäsar:) Die Ermordung Cäsars erschütterte den Staat. |

05 Das Partizip Futur Aktiv steht meist als Teil des Prädikates bei sum (umschreibendes Futur).

D 1. Zur Bezeichnung einer unmittelbar bevorstehenden, beabsichtigten Handlung, dt. umschrieben mit „im Begriff sein, wollen":

| Abitūrus sum (eram). | Ich bin (war) im Begriff wegzugehen/ will (wollte) gerade weggehen. |

2. Mit sim und essem als Ersatz des Konjunktivs Futur zum Ausdruck der Nachzeitigkeit, im Dt. Futur:

| Interrogō amīcum, quid āctūrus sit. | Ich frage den Freund, was er tun wird/ werde. |

3. Zur Bildung des Infinitivs Futur Aktiv mit oder ohne esse, ↗ **82, 5.**

06 Seltener ist die Verwendung des Partizips Futur Aktiv als Participium coniūnctum und als Attribut:

Rēx quidam Rōmam urbem peritūram appellāvit.	Ein König nannte Rom eine dem Untergang geweihte Stadt.
Mercātor mare trāiectūrus deīs sacrificāvit.	Der Kaufmann opferte, als er über das Meer fahren wollte, den Göttern.
Cicerō ad mare vēnit nāvem cōnscēnsūrus.	Cicero kam zum Meer, um ein Schiff zu besteigen.

Partizipialkonstruktionen

7 Zeitbedeutung der Partizipien

Partizipien bezeichnen nicht die absolute Zeit (Zeitstufen: Gegenwart, Vergangenheit), sondern die relative Zeit (Zeitverhältnis zum Prädikat des Satzes: Partizip Präsens Aktiv Gleichzeitigkeit, Partizip Perfekt Vorzeitigkeit, Partizip Futur Aktiv Nachzeitigkeit):

D
1. Veniō rogāns. *Ich komme bittend:* **indem** *ich bitte.* } **Gleichzeitigkeit**

2. Veniō rogātus. *Ich komme gebeten:* **nachdem** *ich gebeten worden bin.* } **Vorzeitigkeit**

3. Veniō rogātū- *Ich komme,* **um** *zu bitten.*   **Nachzeitigkeit** ↗ **206**
rus.

Das Part. Perf. einiger Deponentien bezeichnet auch die Gleichzeitigkeit, z. B. ūsus *gebrauchend*, confisus *vertrauend*.

Zum Reflexivpronomen in Partizipialkonstruktionen ↗ **172,2**

106   Satzlehre

Partizip als Attribut und als Prädikativum
(Participium coniūnctum)

208 Ein Partizip kann – wie im Dt. – 1. als Attribut und 2. als Prädikativum (Participium coniūnctum, vgl. ↗ **168–170**) auftreten. Im Lat. richtet es sich – beide Fälle sind nicht immer deutlich geschieden – in Kasus, Genus und Numerus nach seinem Beziehungswort; ins Dt. wird es zunächst wörtlich übersetzt; dann jedoch meist freier:

Zu 1.

Rōma fuit urbs flōrēns.   *Rom war eine blühende Stadt.*
Iūcundī āctī labōrēs.   *Angenehm sind getane Arbeiten/*
                                             Arbeiten, die erledigt sind.

Zu 2.
Cicerōnī Rōmam redeuntī cīvēs   *Dem nach Rom zurückkehrenden*
obviam iērunt.   *(betont!) Cicero gingen die Bürger*
                                             entgegen; C. gingen bei seiner
                                             Rückkehr nach Rom; als Cicero nach
                                             Rom zurückkehrte, gingen ihm; C.
                                             kehrte nach Rom zurück; da
                                             gingen …

Das Part.coniūnctum hat also eine adverbiale Sinnrichtung, vgl. ↗ **212**.

209 Zusammengefaßt ergeben sich für das Partizip als Attribut und das Participium coniūnctum folgende Übersetzungsmöglichkeiten:

Tarquinius ā Rōmānīs expulsus ad Etrūscōs fūgit.
1. *Von den Römern vertrieben, floh Tarquinius zu den Etruskern* (**wörtlich**).
2. *Tarquinius, der von den Römern vertrieben worden war, floh zu den Etruskern* (**Relativsatz**).
3. *Nachdem Tarquinius von den Römern vertrieben worden war, floh er zu den Etruskern* (**konjunktionaler Nebensatz**).
4. *Nach seiner Vertreibung durch die Römer floh Tarquinius zu den Etruskern* (**Präpositionalausdruck**).
5. *Tarquinius wurde von den Römern vertrieben; darauf floh er zu den Etruskern* (**Beiordnung**).

210 Ablativ mit Prädikativum (auch: Ablātivus absolūtus)

Der Ablativ mit Prädikativum stellt die Verbindung zweier Ablative dar, von denen der eine ein Substantiv oder Pronomen, der andere ein Prädikativum (↗ **168–170**) ist. Das Prädikativum ist in der Regel ein Partizip (doch vgl. ↗ **211**).
Der **Ablativ mit Prädikativum** hat im Satz die **Funktion einer adverbialen**

Besonderheiten bei der Übersetzung infiniter Verbformen

Bestimmung. Er wird in ähnlicher Weise wiedergegeben wie das Participium coniunctum: ↗ **209** – es entfallen allerdings die Möglichkeiten 1 und 2 (weil die Fügung Ablativ mit Prädikativum nicht nur einen prädikatswertigen, sondern – und das ist entscheidend – auch einen eigenen subjektwertigen, vom Hauptsubjekt grammatisch verschiedenen Bestandteil enthält).

D Für die Erstübersetzung wähle man einen konjunktionalen Nebensatz. Als Konjunktion nehme man bei Gleichzeitigkeit „während" bei Vorzeitigkeit, „nachdem". Sodann prüfe man, ob dem Kontext gemäß auch andere Konjunktionen genutzt werden können: *„weil, obwohl, indem"*. Das Substantiv oder Pronomen im Ablativ wird zum Subjekt, das Partizip zum Prädikat.

Lateinisch: Ablātivus absolūtus	Deutsch: konjunktionaler Nebensatz
Subst., Pron. + Part. im { a) Präs. → im Ablativ + Ablativ { b) Perf. →	Konjunktion + Subj. + Präd. { → Gleich-zeitigkeit → Vor-zeitigkeit

Beispiele:

Zu a) **Inopiā crēscente** plēbēī sēditiōnem fēcērunt.

Während / als die Not wuchs, machten die Plebejer einen Aufstand.

zu b) **Bellīs finītīs** cīvēs gaudēbant.

Nachdem / als die Kriege beendet (worden) waren, freuten sich die Bürger.

Die anderen Möglichkeiten der Wiedergabe:
Nach Beendigung der Kriege freuten sich die Bürger. **(Präpositionalausdruck)**
Die Kriege waren beendet; daher freuten sich die Bürger. **(Beiordnung)**

11 Seltener tritt beim Ablātivus absolūtus als Prädikativum ein Substantiv oder **D** Adjektiv auf; es bezeichnet die Gleichzeitigkeit. Diese Varianten des Ablātivus absolūtus werden am besten durch einen Präpositionalausdruck wiedergegeben:

Exercitus Rōmānus **Sullā duce** Rōmam expūgnāvit.

*Ein römisches Heer eroberte **unter Sullas Führung** Rom.*

Spartacō auctōre servī sēditiōnem fēcērunt.

Auf Initiative des Spartacus machten die Sklaven einen Aufstand.

Augustus nātus est **Cicerōne (et) Antōniō cōnsulibus.**

Augustus wurde unter dem Konsulat / im Konsulatsjahr von Cicero und Antonius geboren.

Hoc **mē invītō** factum est.

Das geschah gegen meinen Willen.

Hannibale vīvō Rōmānī tūtī nōn erant.

(Zu Lebzeiten Hannibals:) Solange Hannibal lebte, waren die Römer nicht sicher.

108   Satzlehre

Zusätzliche Hinweise zur Übersetzung der Partizipialkonstruktionen

212 Das **adverbiale Verhältnis** von Partizipium coniunctum und Ablativ mit Prä-
|D| dikativum zum Prädikat des Satzes bleibt im **Lat. unbezeichnet.**
Im **Dt.** wird es **durch** die Wahl der **Konjunktionen, Präpositionen** und **Adver-
bien ausgedrückt,** z. B.:
1. **temporal:**
Vgl. ↗ **209,** Beispiele 3–5 und **210,** Beispiele
2. **kausal:**
Discipulus poenam timēns fūgit.
Der Schüler lief davon, weil er eine Strafe fürchtete.
Der Schüler lief aus Furcht vor einer Strafe davon.
Der Schüler hatte Angst vor einer Strafe; deshalb lief er davon.
Nāve dēlētā plērīque occidērunt.
Da das Schiff zerstört war, kamen die meisten um.
Wegen der Zerstörung des Schiffes kamen die meisten um.
Das Schiff war zerstört; dadurch kamen die meisten um.
3. **Modal:**
Incolae incendia coercentēs urbem servāvērunt.
Indem die Einwohner den Bränden wehrten, retteten sie die Stadt.
Die Einwohner wehrten den Bränden und retteten so die Stadt.
Incendiīs coercitīs urbs servāta est.
Dadurch, daß die Brände gelöscht werden konnten, war die Stadt gerettet.
Die Brände waren gelöscht worden, und so war die Stadt gerettet.
4. **konzessiv:**
Cūr invītātī nōn vēnistis?
Warum seid ihr nicht gekommen, obwohl ihr eingeladen wart?
Warum seid ihr trotz der Einladung nicht gekommen?
Ihr wart doch eingeladen; warum seid ihr da nicht gekommen?
Nāve dēlētā plērīque servātī sunt.
Obwohl das Schiff zerstört war, wurden die meisten gerettet.
Trotz der Zerstörung des Schiffes wurden die meisten gerettet.
Das Schiff war zerstört; trotzdem wurden die meisten gerettet.

213 Ein Partizip Perfekt Passiv kann im Aktiv wiedergegeben werden, wenn sich
|D| das Subjekt aus dem Zusammenhang ergibt:

Graecī Trōiam captam dēlēvērunt.
(Die Griechen zerstörten das eroberte Troja:) Nachdem die Griechen Troja erobert
hatten, zerstörten sie die Stadt.
Trōiā dēlētā Graecī in patriam revertērunt.
(Nachdem Troja zerstört worden war, kehrten die Griechen in die Heimat zurück:)
Nachdem die Griechen Troja zerstört hatten, kehrten sie in ihre Heimat zurück.

Besonderheiten bei der Übersetzung infiniter Verbformen   109

14 **Verneinte Partizipien** können mit *„ohne (daß, zu)"* wiedergegeben werden:

| D | Mors nōn vocāta venit. | *Der Tod kommt, ohne gerufen worden zu sein.* |

Horātius poēta nullum perīculum
timēns per silvam ambulāvit.
Der Dichter Horaz ging, ohne eine Gefahr zu fürchten, im Walde spazieren.

Amīcīs non adiuvantibus opus
perfēcī.
Ohne daß mir die Freunde halfen / ohne Hilfe der Freunde beendete ich die Arbeit.

15 Ein Participium coniunctum bei den Verben der Wahrnehmung und faciō, fingō, indūcō in den Bedeutungen „darstellen, einführen, lassen" kann im Dt. oft mit dem Infinitiv wiedergegeben werden:

Videō Marcum ante domum
stantem.
Ich sehe Marcus vor dem Hause stehen.

Dīc, hospes, Spartae nōs tē hic
vīdisse iacentēs.
Sag, Fremder, in Sparta, du habest uns hier liegen gesehen.

Cicerō Scīpiōnem dē rē pūblicā
loquentem facit (fingit, indūcit).
Cicero läßt Scipio über den Staat sprechen.

nd-Formen

16 nd-Formen sind deklinierte infinite Verbformen, die substantivisch (Gerundium) und adjektivisch (Gerundivum) auftreten (↗ **84**). Für die Wiedergabe im Dt. ist jedoch nicht dieser Unterschied wesentlich, sondern es ist entscheidend, ob die nd-Form als Teil des Prädikats mit sum verbunden ist oder ob dies nicht zutrifft.

7 Die **(adjektivische) nd-Form mit sum** bezeichnet die **Notwendigkeit.** Sie drückt aus, daß **etwas getan werden muß,** bei **Verneinung: nicht getan werden darf.** Eine **handelnde Person,** die etwas tun muß oder nicht tun darf, kann durch einen **Dativ** ausgedrückt sein.

Discipulus laudandus est.
Der Schüler ist zu loben.
Der Schüler muß gelobt werden.
Man muß den Schüler loben.

Discipulus **magistrō** laudandus est.
Der Lehrer muß den Schüler loben.

Labōrandum est.
Man muß arbeiten.

Hoc **tibi** agendum est.
Das mußt du tun.

Parentēs **nōbīs** colendī sunt.
Wir müssen die Eltern ehren.

Hominī nōn dēspērandum est.
Der Mensch darf nicht verzweifeln.

Attributiver Gebrauch der nd-Form mit der Bedeutung der Notwendigkeit ist selten:
Industria laudanda
ein lobenswerter Fleiß
Facinus non ferendum
eine unerträgliche Tat

110   Satzlehre

Beachte:
Der Infinitiv esse fällt bei der nd-Form oft aus:

Cicerō sibi celeriter agendum (esse)   *Cicero glaubte, er müsse schnell*
putāvit.   *handeln / schnell handeln zu müssen.*

218 Die (substantivische und adjektivische) **nd-Form nicht als Teil des Prädikats**
[D] bei sum, z. B.: Ars aedificandī nōbīs prōdest. Wiedergabe im Dt.:
     1. **Verbalsubstantiv** (z. B. substantivierter Infinitiv, Substantive auf -ung), un-
     ter Beachtung des Kasus der nd-Form:
     Die Kunst des Bauens nützt uns.
     (Statt Genitivattribut auch Bestimmungswort einer Zusammensetzung: *Die*
     Baukunst nützt uns.) (↗ **101**)
     2. **Infinitiv mit zu:**
     Die Kunst zu bauen nützt uns.
     Die Übersetzungsmöglichkeit 2 ist nicht immer angebracht, z. B. erlaubt die
     nd-Form im Ablativ (mit oder ohne Präposition) nur die Möglichkeit 1:

Architectī aedificandō nōbīs   *Die Architekten nützen uns durch das*
prōsunt.   *Bauen.*
Architectī dē aedificandō   *Die Architekten unterhalten sich über*
colloquuntur.   *das Bauen.*

219 Die **nd-Form kann ergänzt werden:**

1. durch ein Adverb:
Ars **bene** aedificandī.   *(die Kunst des **guten** Bauens:)*
                                   die Kunst, gut zu bauen

Bei Anwendung der Übersetzungsmöglichkeit 218,1 wird, wie das Beispiel
zeigt, das lat. Adverb im Dt. zum Adjektivattribut.

2. durch ein Substantiv. Dieses erscheint:
– entweder in der Form eines von der nd-Form abhängigen Objekts:
Ars domum aedificandī
– oder im gleichen Kasus wie die nd-Form, die sich ihrerseits nach diesem
Substantiv als Beziehungswort in Kasus, Genus und Numerus richtet:
Ars domūs aedificandae.
Die beiden lat. Varianten sind gleichbedeutend:
        Ars domum aedificandī = Ars domūs aedificandae
        Die Kunst, ein Haus zu bauen.

In der Übersetzungsmöglichkeit 218, 1 wird das die nd-Form ergänzende Sub-
stantiv, wenn es als Akkusativobjekt oder Beziehungswort auftritt, zum Attri-
but (Genitiv, Präpositionalausdruck mit „von") bzw. Bestimmungswort einer
Zusammensetzung:

Besonderheiten bei der Übersetzung infiniter Verbformen 111

Architectī nōbīs prōsunt { domōs aedificandō,
domibus aedificandīs.

Die Architekten nützen uns durch den Bau der Häuser/ von Häusern

220 Zusammenfassende Tabelle und Beispiele zu **218/219**

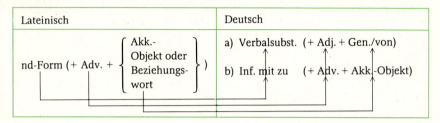

Ars dīcendī. *Kunst des Redens/, zu reden,/ Redekunst.*

Mihi nōn { epistulae scrībendae, } *Ich habe keine Zeit,*
est tempus { epistulam scrībendī. } *einen Brief zu schreiben.*

Decemvirī lēgibus scrībendīs (Dat.) *Ein Zehnmännerkollegium zum*
creātī sunt. *Aufschreiben der Gesetze wurde*
gewählt.

Parātī sumus ad discendum *Wir sind bereit zum Lernen/ zu lernen*
et ad labōrēs subeundōs. *und Mühen auf uns zu nehmen.*

Bonōs librōs legendō } prūdentiōrēs *Durch das Lesen guter Bücher*
Bonīs librīs legendīs } fīmus. *werden wir klüger.*

221 Zusätzliche Bemerkungen:

1. In beim Ablativ wird mit „bei", causā nach Genitiv meist, ad oft mit „um zu" + *Infinitiv* übersetzt:

In docendō discimus. *Beim Lehren lernen wir.*
Discipulī in scholam eunt discendī *Die Schüler gehen in die Schule, um*
causā (ad discendum). *zu lernen.*

2. Erscheint ein Präpositionalausdruck zu schwerfällig, verwendet man besser einen konjunktionalen Nebensatz:

In amīcīs ēligendīs dīligentia *(Beim Aussuchen seiner Freunde:)*
adhibenda est. *Wenn man sich Freunde aussucht,*
muß man Sorgfalt anwenden.

So hätte das letzte Beispiel von **220** auch übersetzt werden können:
Indem wir gute Bücher lesen, werden wir klüger.

112   Satzlehre

222 In Verbindung mit den Verben des Gebens und Nehmens sowie cūrō „(veran)lassen" bezeichnet die (adjektivische) nd-Form den Zweck, im Dt.: „(um) zu" + Infinitiv oder „zu" + Verbalsubstantiv, cūrō am besten mit „lassen" + Infinitiv:

Puerīs bonōs librōs legendōs damus.
Wir geben den Kindern gute Bücher zum Lesen/zu lesen.

Alexander ā patre Aristotelī philosophō ēducandus trāditus est.
Alexander wurde von seinem Vater dem Philosophen Aristoteles zur Erziehung übergeben.

Caesar pontem faciendum cūrāvit.
Cäsar ließ eine Brücke bauen.

223 Supinum (↗ 85)

D 1. Das **Supinum auf -um** (Supinum I) steht bei Verben der Bewegung zur Bezeichnung des Zwecks, im Dt. meist „um zu" + Infinitiv:

Lēgātī missī sunt pacem petītum.
Es wurden Gesandte geschickt, um Frieden zu erbitten.

Eō cubitum/dormītum.
Ich gehe (um zu ruhen:) zur Ruhe/(um zu schlafen:) schlafen.

Ein Beispiel für den Infinitiv Futur Passiv (↗ **82, 6.**):

Spērō amīcum laudatum īrī.
Ich hoffe, (man geht den Freund zu loben:) der Freund wird gelobt werden.

2. Das **Supinum auf -ū** (Supinum II) steht bei Adjektiven und den Ausdrücken fās est, nefās est „*es ist Recht, Unrecht*", im Dt. Infinitiv mit zu:

Difficile erat dictū, uter praemiō dignus esset.
Es war schwer zu sagen, wer von beiden die Belohnung verdiente.

Hoc est iūcundum audītū.
Das ist angenehm zu hören.

Indirekte Rede

224 Rede (Aussage, Frage, Aufforderung) kann unmittelbar, wörtlich, direkt mitgeteilt werden. Wird sie mittelbar als Bericht oder Wiedergabe von Gesagtem dargestellt, so wird sie zur nicht-wörtlichen, indirekten Rede, abhängig von einem Ausdruck der Bedeutung: sprechen, denken, wissen wollen, fragen, nicht wissen, auffordern.

D Im Lat. gelten die Regeln der innerlichen Abhängigkeit, d. h.
Hauptsätze als Aussagen erscheinen im **A.c.I.,**
Aufforderungen und Fragen haben das Prädikat im **Konjunktiv,**
alle **Nebensätze** haben Prädikat im **Konjunktiv** (ausgenommen solche Nebensätze, die dem eigentlichen Text der indirekten Rede nicht zugehören).
Im **Dt.** herrscht in indirekter Rede (= berichteter Rede) der Konjunktiv vor.

Hinweise für das Übersetzen aus dem Lateinischen 113

Amīcus meus īgnōtō cuidam $\left\{\begin{array}{l}\text{dīcit}\\\text{dīxit}\end{array}\right\}$: Sē eum nunquam vīdisse,

īgnōrāre eum. Quis $\left\{\begin{array}{l}\text{sit?}\\\text{esset?}\end{array}\right.$ $\begin{array}{l}\text{Dīcet}\\\text{Dīceret}\end{array}\Big\}$ sibi, quid scīre $\left\{\begin{array}{l}\text{velit.}\\\text{vellet.}\end{array}\right.$

Nē diūtius $\left\{\begin{array}{l}\text{taceat.}\\\text{tacēret.}\end{array}\right.$

Mein Freund sagt(e) zu einem Unbekannten: Er habe ihn nie gesehen und kenne ihn nicht. Wer sei er? Er solle ihm sagen, was er wissen wolle. Er solle nicht länger schweigen.

Zusammenfassende Hinweise für das Übersetzen aus dem Lateinischen

5   1. Lesen Sie jeden Satz aufmerksam und bemühen Sie sich, schon beim Lesen Aufbau und Sinn des Satzes im wesentlichen zu verstehen.
Achten Sie dabei auf Verbalmorpheme und Kasusendungen sowie Übereinstimmungen in Kasus, Genus und Numerus bei der Ermittlung zusammengehöriger Wörter.
Die Berücksichtigung der Interpunktion und nebensatzeinleitender Wörter (Konjunktionen, relative Pronomen und Adverbien) hilft Ihnen zu erkennen, was zum Haupt- und was zu einem Nebensatz gehört.
Bedenken Sie: Kommas können sowohl Teilsätze eines zusammengesetzten Satzes als auch Aufzählungen trennen.
2. Verwenden Sie Wörterverzeichnisse nur dann und erst dann, wenn es für das Verständnis unbedingt notwendig ist.
Benutzen Sie dieses Hilfsmittel auch zur Kontrolle der Bedeutung schon gelernter oder erschlossener Wörter: Oft ergibt sich die passende Bedeutung eines Wortes erst aus dem Kontext.

6   Falls ein Satz nicht aus seiner Wortfolge heraus verständlich wird, ermitteln und übersetzen Sie zuerst Prädikat und Subjekt des Hauptsatzes (↗ 103–112).
1. Beachten Sie, daß eine Form von sum meist ein Teil des Prädikats ist, daher einer Ergänzung bedarf (↗ **106**), und viel seltener als Vollverb fungiert (↗ **107**).
2. Bei 1. und 2. Person des Prädikats ist das Subjekt im Dt. ein Personalpronomen, auch wenn noch ein Substantiv hinzutritt.
Bei den Personalendungen -t und -tur ist zu prüfen, ob ein Nominativ im Singular, bei -nt oder -ntur, ob ein Nominativ im Plural oder mehrere Nomina-

tive im Singular (auch Plural) vorhanden sind. Ist das nicht der Fall, so bleibt auch hier das Subjekt ein Personalpronomen (der 3. Person).

Denken Sie daran, daß Nominative nicht nur als Subjekte auftreten (↗ 113).

227 Ordnen Sie sodann in den durch Prädikat und Subjekt vermittelten Sinnzusammenhang bei genauer Beachtung der lateinischen Morpheme und der dadurch ausgedrückten Beziehungen die übrigen Teile des Satzes ein. Läßt sich dabei eine wörtlich übersetzte Form nicht „unterbringen", ermitteln Sie deren Funktion und Übersetzungsmöglichkeit(en) mit Hilfe der Sprachlehre.

228 Übertragen Sie anschließend nach dem gleichen Verfahren (↗ **226, 227**) die Nebensätze. Übersetzen Sie, wenn Sie mit dem Prädikat beginnen, das den Nebensatz einleitende Wort sogleich mit. Beachten Sie dabei besonderen Tempus- und Modusgebrauch (↗ **181–183, 190–193**).

229 Fügen Sie die so gewonnenen Teilsätze funktionsgerecht, den Fügewörtern (Konjunktionen, Relativpronomen, Fragewörter) gemäß zu einem sinnvollen Ganzen zusammen. Suchen Sie dann nach einer den Gesamtinhalt, den Satz im Kontext treffenden deutschen Formulierung.

Beachten Sie dabei den Grundsatz: **Übersetze so wörtlich, wie möglich, und so frei, wie notwendig.** Eine gute Übersetzung darf soweit wörtlich sein, wie es der vollkommen richtige deutsche Sprachgebrauch erlaubt; sie muß aber frei gestaltet werden, wenn eine wörtliche Übersetzung in tadellosem Deutsch nicht möglich ist.

Gewöhnen Sie sich daran, bei Abweichungen vom Original eine (schriftliche oder mündliche) Anmerkung zur wörtlichen Übersetzung zu machen.

Zur Metrik

30 Allgemeines

Während der deutsche Vers auf dem geordneten Wechsel betonter und unbetonter Silben beruht, gründet sich der lateinische Vers auf die geregelte Abfolge langer und kurzer Silben (↗ 3; 5). Dabei treten folgende Besonderheiten auf:

1. In der Dichtung kann eine Silbe mit kurzem Vokal + muta cum liquidā, entgegen ↗ 6, auch lang sein.
2. Schließt ein Wort mit einem Vokal oder Vokal + m und beginnt das nächste mit einem Vokal oder h, so erfolgt eine Verschleifung. Seit dem Ende der Kaiserzeit wird der Endvokal (+ m) nicht mehr ausgesprochen: mōnstr(um) horrend(um) īnfōrm(e) ingēns.
Bei folgendem es oder est schwindet jedoch nicht der Vokal (+ m) im Auslaut, sondern das anlautende -e: homō (e)st; ūtendum (e)st.
3. Zwei im Wortinnern aufeinandertreffende oder nur durch h getrennte Vokale können zu einer langen Silbe zusammengezogen werden, so regelmäßig bei deïnde > deinde, dēesse > dēsse, anteīre > antīre, antehāc > antāc.
4. I und u werden nach Konsonanten aus metrischen Gründen oft wie j und v gesprochen; dadurch wird die vorausgehende kurze Silbe positionslang: abiete > abjete, genua > genva. Andererseits steht statt v auch u: siluae = silvae.

1 Bildung von Versen

1. Die kleinste Einheit eines Verses ist der Versfuß, z. B. der Jambus: ◡ ‒́ und der Daktylus: ‒́ ◡ ◡. Der Vers entsteht aus der Verbindung einer bestimmten Anzahl von Versfüßen.
2. Zwei Kürzen können durch eine Länge ersetzt werden (und umgekehrt): ◡ ◡ = ‒ oder ‒ = ◡ ◡
3. Die letzte Silbe eines Verses kann kurz oder lang sein: ⌣
4. Auslautendes ō wird manchmal gekürzt (ō > ŏ), vgl. homŏ ↗ **232**.
5. Beim Lesen achten wir auf Längen und Kürzen, wodurch sich der Versrhythmus auf natürliche Weise von selbst einstellt.

Wichtige Versmaße

232 1. Der jambische Senar (= Sechs-Fuß-Vers)
Der jambische Senar besteht aus sechs Jamben:

$\smile \underline{\prime} \mid \smile \underline{\prime} \mid \smile \underline{\prime} \mid \smile \underline{\prime} \mid \smile \underline{\prime} \mid \smile \underline{\prime}$

Beātus ille, quī procul negōtiīs. (Horaz)

Diese reine Form des jambischen Senars ist selten. Nur der letzte Jambus muß regelmäßig sein; an allen anderen Stellen kann seine Kürze durch eine Länge ersetzt werden: $\_ \underline{\prime}$. Diese Länge kann wieder durch zwei Kürzen aufgelöst werden: $\smile \smile \underline{\prime}$; auch die reguläre Länge des Jambus darf durch zwei Kürzen ersetzt werden: $\smile \underline{\prime} \smile$.
Homo doctus in sē semper dīvitiās habet. (Phädrus)

$\smile \smile \underline{\prime} \mid \smile \underline{\prime} \mid \_ \underline{\prime} \mid \_ \underline{\prime} \mid \smile \smile \underline{\prime} \mid \smile \underline{\prime}$

233 2. Der daktylische Hexameter (= Sechs-Maß)
Der daktylische Hexameter besteht aus fünf vollständigen Daktylen und ei nem unvollständigen Daktylus ($\underline{\prime} \smile$). In den ersten vier Daktylen können die Kürzen durch eine Länge ersetzt werden, im fünften nur ausnahmsweise.

$\underline{\prime} \smile\smile \mid \underline{\prime} \smile\smile \mid \underline{\prime} \smile\smile \mid \underline{\prime} \smile\smile \mid \underline{\prime} \smile \smile \mid \underline{\prime} \smile$

Erhaltung der Kürzen drückt rasche Bewegung aus, Längen verleihen dem Vers Ernst, Ruhe und Feierlichkeit.
Quadrupedante putrem sonitū quatit ungula campum. (Vergil)

$\underline{\prime} \smile\smile \mid \underline{\prime} \smile\smile \mid \underline{\prime} \smile\smile \mid \underline{\prime} \smile\smile \mid \underline{\prime} \smile\smile \mid \underline{\prime} \smile$

Ūnus homō nōbīs cūnctandō restituit rem. (Ennius)

$\_ \smile\smile \mid \underline{\prime} \_ \mid \underline{\prime} \_ \mid \underline{\prime} \_ \mid \underline{\prime} \smile\smile \mid \underline{\prime} \smile$

Vgl. auch den ersten Vers des Distichons in ↗ **234,3**.

234 3. Daktylischer Pentameter (= Fünf-Maß)
Der Pentameter besteht aus der Verbindung von zwei daktylischen Halbversen von jeweils drei Daktylen, deren letzter Fuß unvollständig ist

$\underline{\prime} \smile\smile \mid \underline{\prime} \smile\smile \mid \underline{\prime}$

Die Kürzen dürfen nur im ersten Halbvers durch Längen ersetzt werden:

$\underline{\prime} \smile\smile \mid \underline{\prime} \smile\smile \mid \underline{\prime} \parallel \underline{\prime} \smile\smile \mid \underline{\prime} \smile\smile \mid \underline{\prime}$

(Der irreführende Name des Verses ergibt sich aus der falschen Messung über den Einschnitt (Zäsur) zwischen den beiden Halbversen hinweg.) Der Penta-

Wichtige Versmaße   117

meter tritt **nur in Verbindung mit einem Hexameter** auf; beide Verse bilden
ein **Distichon** (Zweizeiler).

Mantua mē genuit, Calabrī rapuēre, tenet nunc

Parthenopē, cecinī, pascua, rūra, ducēs.

(Grabinschrift des Dichters Vergilius, angeblich von ihm selbst verfaßt)

235 Alphabetische Liste unregelmäßiger Perfektstammformen

A
abdidī → abdō
abditus → abdō
ablātus → auferō
abstulī → auferō
accendī → accendō
accēnsus → accendō
āctus → agō
adeptus sum → adipīscor
adolēvī → adolēscō
adultus → adolēscō
afflīctus → afflīgō
afflīxī → afflīgo
āfuī → absum
aggressus sum → aggredior
allātus → afferō
altus → alō
aluī → alō
apertus → aperiō
aperuī → aperiō
arcessītus → arcessō
arcessīvī → arcessō
arguī → arguō
ārsī → ārdeō
ārsūrus → ārdeō
ascendī → ascendō
ascēnsus → ascendō
aspectus → aspiciō
aspexī → aspiciō
assēnsus sum → assentior
assuētus → assuēscō
assuēvī → assuēscō
attulī → afferō
auctus → augeō
ausus sum → audeō
auxī → augeō
C
caesus → caedō

captus → capiō
cāsūrus → cadō
cautus → caveō
cāvī → caveō
cecīdī → cadō
cecīdī → caedō
cecinī → canō
cēnsus → cēnseō
cēpī → capiō
cessī → cēdō
cessus → cēdō
cinctus → cingō
cinxī → cingō
clausī → claudō
clausus → claudō
coctus → coquō
cōgnitus → cōgnōscō
cōgnōvī → cōgnōscō
collātus → cōnferō
coluī → colō
comperī → comperiō
compertus → comperiō
complētus → compleō
complēvī → compleō
complexus sum → complector
concussī → concutiō
concussus → concutiō
condidī → condō
conditus → condō
cōnsēdī → cōnsīdō
cōnsessum → cōnsīdō
cōnsultus → cōnsulō
cōnsuluī → cōnsulō
contempsī → contemnō
contemptus → contemnō
contulī → cōnferō
convaluī → convalēscō
coxī → coquō

Liste unregelmäßiger Perfektstammformen 119

crēdidī → crēdō
crēditus → crēdō
crepitus → crepō
crepuī → crepō
crētus → cernō
crēvī 1. → cernō
    2. → crēscō
cubitum → cubō
cubuī → cubō
cucurrī → currō
cultus → colō
cupītus → cupiō
cupīvī → cupiō
cursus → currō

D

datus → dō
dedī → dō
dēfendī → dēfendō
dēfēnsus → dēfendō
dēlētus → dēleō
dēlēvī → dēleō
dēmpsī → dēmō
dēmptus → dēmō
dēscendī → dēscendō
dēscēnsus → dēscendō
dictus → dīcō
didicī → discō
dīlātus → differō
dīlēctus → dīligō
dīlēxī → dīligō
distulī → differō
dīvīsī → dīvidō
dīvīsus → dīvidō
dīxī → dīcō
doctus → doceō
domitus → domō
domuī → domō
ductus → dūcō
dūxī → dūcō

E

ēdī → edō
ēgī → agō
ēlātus → efferō
ēmī → emō
emptus → emō
ēsus → edō
expertus sum → experior

exstīnctus → exstinguō
exstīnxī → exstinguō
extulī → efferō

F

factus → faciō
factus sum → fīō
fassus sum → fateor
fautum → faveō
fāvī → faveō
fēcī → faciō
fefellī → fallō
fictus → fingō
fidī → findō
fīnxī → fingō
fissus → findō
fīsus sum → fīdō
fīxī → figō
fīxus → figō
flētus → fleō
flēvī → fleō
flexī → flectō
flexus → flectō
flūxī → fluō
fōdī → fodiō
fossus → fodiō
frāctus → frangō
frēgī → frangō
fūdī → fundō
fūgī → fugiō
fugitūrus → fugiō
fuī → sum
fūnctus sum → fungor
fūsus → fundō

G

gāvīsus sum → gaudeō
genitus → gīgnō
genuī → gīgnō
gessī → gerō
gestus → gerō

H

haesī → haereō
haesūrus → haereō
hausī → hauriō
haustus → hauriō

I

iactus → iaciō
iēcī → iaciō

ii → eō
illātus → inferō
incubitum → incumbō
incubuī → incumbō
intellēctus → intellegō
intellēxī → intellegō
invāsī → invādō
invāsus → invādō
itum → eō
iūnctus → iungō
iūnxī → iungō
iussī → iubeō
iussus → iubeō
iūtus → iuvō
iūvī → iuvō

L
lacessītus → lacessō
lacessīvī → lacessō
laesī → laedō
laesus → laedō
lāpsus sum → lābor
lātus → ferō
lautus → lavō
lautus sum → lavor
lāvī → lavō
lēctus → legō
lēgī → legō
locūtus sum → loquor
luī → luō
lūsī → lūdō
lūsus → lūdō
lūxī 1. → lūceō
2. → lūgeō

M
mālui → mālō
mānsī → maneō
mānsus → maneō
mēnsus sum → mētior
metuī → metuō
minuī → minuō
minūtus → minuō
mīsī → mittō
missus → mittō
mixtus → misceō
mortuus sum → morior
mōtus → moveō
mōvī → moveō

N
na(n)ctus sum → nancīscor
nātus sum → nāscor
neglēctus → neglegō
neglēxī → neglegō
nīsus sum → nītor
nīxus sum → nītor
nōluī → nōlō
nōtus → nōscō
nōvī → nōscō
nūpsī → nūbō
nūpta → nūbō

O
oblātus → offerō
oblītus sum → oblīvīscor
obtulī → offerō
opertus → operiō
operuī → operiō
ōrsus sum → ōrdior
ortus sum → orior

P
pāctus → pangō
parsūrus → parcō
partus → pariō
passus sum → patior
pēnsus → pendō
pependī 1. → pendeō
2. → pendō
peperci → parcō
peperī → pariō
pepigī → pangō
pepulī → pellō
perdidī → perdō
perditus → perdō
petītus → petō
petīvī → petō
pictus → pingō
pīnxī → pingō
poposcī → poscō
positus → pōnō
posuī → pōnō
potuī → possum
prehendī → prehendō
prehēnsus → prehendō
pressī → premō
pressus → premō
prōdidī → prōdō

Liste unregelmäßiger Perfektstammformen

prōditus → prōdō
profectus sum → proficīscor
pulsus → pellō
Q
quaesītus → quaerō
quaesīvī → quaerō
questus sum → queror
quiēvī → quiēscō
R
raptus → rapiō
rapuī → rapiō
ratus sum → reor
rēctus → regō
reddidī → reddō
redditus → reddō
relictus → relinquō
relīquī → relinquō
repertus → reperiō
repperī → reperiō
rettulī → referō
reversus → revertor
revertī → revertor
rēxī → regō
rīsī → rideō
rīsus → rideō
ruī → ruō
rūpī → rumpō
ruptus → rumpō
rutus → ruō
S
saepsī → saepiō
saeptus → saepiō
saluī → saliō
sānctus → sanciō
sānxī → sanciō
satus → serō
scidī → scindō
scissus → scindō
scrīpsī → scrībō
scrīptus → scrībō
sectus → secō
secuī → secō
secūtus sum → sequor
sēdī → sedeō
sēnsī → sentiō
sēnsus → sentiō
sepelīvī → sepeliō

sepultus → sepeliō
sertus → serō
seruī → serō
sessum → sedeō
sēvī → serō
situs → sinō
sīvī → sinō
solitus sum → soleō
solūtus → solvō
solvī → solvō
sonuī → sonō
sparsī → spargō
sparsus → spargō
spōnsus → spondeō
spopondī → spondeō
sprētus → spernō
sprēvī → spernō
statuī → statuō
statūrus → stō
statūtus → statuō
stetī 1. → sistō
       2. → stō
stitī → sistō
strātus → sternō
strāvī → sternō
strictus → stringō
strīnxī → stringō
strūctus → struō
strūxī → struō
suāsī → suādeō
suāsus → suādeō
sublātus → tollō
sūmpsī → sūmō
sūmptus → sūmō
sustulī → tollō
T
tāctus → tangō
tēctus → tegō
tentus → tendō
tetendī → tendō
tetigī → tangō
tēxī → tegō
torsī → torqueō
tortus → torqueō
trāctus → trahō
trādidī → trādō
trāditus → trādō

122 Anhang

trāxī → trahō
tribuī → tribuō
tribūtus → tribuō
trītus → terō
trīvī → terō
tulī → ferō

U

ultus sum → ulcīscor
ussī → ūrō
ustus → ūrō
ūsus sum → ūtor

V

vectus → vehō
vectus sum → vehor
vēndidī → vēndō
vēnditus → vēndō
vēnī → veniō
ventum → veniō
versus → vertō

vertī → vertō
vetitus → vetō
vetuī → vetō
vēxī → vehō
vīcī → vincō
victūrus → vīvō
victus → vincō
vīdī → videō
vinctus → vinciō
vīnxī → vinciō
vīsus → videō
vīsus sum → videor
vīxī → vīvō
voluī → volō
volūtus → volvō
volvī → volvō
vōtus → voveō
vōvī → voveō

Wort- und Sachverzeichnis

(Ziffern beziehen sich grundsätzlich auf die Leitzahlen am Seitenrand,
Angaben mit L auf die auf den Seiten 9–12 aufgeführten Lautregeln.)

A
abdo 142
Ablativ 145–160
 des Ausgangspunktes
 und der Trennung 146–149
 der Gemeinschaft
 und des Mittels 150–157
 des Ortes und der Zeit 158–160
Ablativ mit Prädikativum 210–215
Ablativus absolutus 210–215
Ablaut 8, L1–L2; 73,4.
absolvo 123
A.c.I. 196–200
accuso 123
a-Deklination 17,1.
Adjektiv 36–45; 163–169; 203
adiuvo 136
admoneo 139; 199
advenio 142
Adverbbildung 46–48
aegrotus 169
aestimo 127
afficio 152, Merke 1.
a fronte 147
Akkusativ 135–144
 als Objekt 135–138
 doppelter 139–140
 als Adverbialbestimmung 141–144
Akkusativ mit Infinitiv 196–200
Aktiv 79, 81, 82, 83, 175
a latere 147
aliquis 62–63
aliter 48
alius 38
Alphabet 1
alter 38
Anfangsbuchstaben, große 1
appello 104,3.; 105

Apposition 113,3.; 163
 prädikative 113,4.; 168; 170
assentior 137
Assimilation 9, L15–L19
a tergo 147
Attribut 113,3.; 163
 prädikatives 168–169
Aufforderungssatz 192,2.
augeor 176,2.
Ausruf im Akkusativ 138
Aussprache der Buchstaben 2–4
B
Bedingungssatz 188, Anm.;
            189, Anm.
bene 48
Betonung 5–6
bini 68,3.4
bos 26,9
C
capitis accuso, damno, absolvo 123
careo 148
caveo 136
ceterum 48
coeptus sum 176,5.
cognovi 180,3.
compos 120
concedo 199
concurro 142
conscendo 147
Consecutio temporum 190–191
consido 159
consuevi 180,3.
consul 170
consulo 131
convinco 123
corrumpor 176,2.
creo 104,3.; 105
cum 181; 191; 193,1.

cupidus 120
curae sum 133
curo 136; 222
D
Daktylus 231,1.; 233; 234
damno 123
Dativ 128–134
  als Objekt 129–132
  des Interesses 130–132
  der Wirkung und des Zwecks 133–134
Dauerlaut 4
deabus 17,3.
debeo 184,1.
decet 136
Deklination 14–41; 49–64; 67
deligo 104,3.
Demonstrativpronomen 55–58
Dental 4
Deponens 90–91
desisto 148
desitus sum 176,5.
deum, di 21,6.; 21,4.
dic, dico 81, Anm. 1; 104,3.
difficilis 223,2.
dignus 152
dii(s) 21,4.
Diphthong 3
dis 21,4.
dissimilis 119
Distichon 234
Distributivzahlen 66
diutissime, diutius 48
do 222
doceo 139
doleo 136
domi 31,2.
domo 31,2.; 146
domos 31,2.
domum 141
Doppelkonsonant 4
duc 81, Anm. 1
dum „während" 183
duo 67
E
earum als Possessivpronomen 53
e-Deklination 35,1.
effugio 136

egeo 143
ego 50
eius als Possessivpronomen 53
Elativ 167,2.
Endung 12
eo 97
eorum als Possessivpronomen 53
Ersatzdehnung 8, L11
esse ↗ sum
exemplo sum 133
existimo 104,3.
expello 148
extremus 166
F
fac 81, Anm. 1
facile 48
facio 104,3.; 105; 127; 215
fallor 176,2.
familias (Gen.Sing.) 17,2.
fas est 223,2.
fer, fero, ferre 81, Anm. 1; 94
fieri ↗ fio
fili 21,2.
filiabus 17,3.
Finite Verbform 78–81; 175–194
fio 96; 104,2.; 105; 107; 124
flagito 139
Flexionslehre 14–97
Fließlaut 4
Formenlehre 10–97
Fragesatz, indirekter 192,2.
frangor 176,2.
fruor 153
fugio 136
fungor 153
Futur I 178; 181
Futur II 180,3.; 181
Futur, umschreibendes 205
G
gaudeo 137; 157
Gaumenlaut 4
Gemischte Deklination 23,1.
Genitiv 114–127
  bei Substantiven 115–118
  bei Adjektiven 119–121
  bei Verben 122–127
  Genitivus subiectivus

Wort- und Sachverzeichnis 125

und obiectivus 51,2. 117
Genus 18; 22; 28; 32; 35,2.
Genus verbi 175–176
Gerundium 84; 216
Gerundivum 84; 216
Gleichzeitigkeit ↗ Zeitverhältnis
Grundzahlen 65
Guttural 4
H
Hauchlaut 4
Hexameter 233
hic 55
Historischer Infinitiv 195
Historisches Perfekt 180,2.
Historisches Präsens 177,2.
I
Jahreszahlen 68,2.
Jambus 231,1.; 232
i-Deklination 23,1.
idem 58
idoneus 128
i-Erweiterung 70
ille 50, Anm. 2; 56
Imperativ Futur 185
Imperfekt 179
impero 128
incipio 147
Indefinitpronomen 61–64
Indikativ 184
Indirekte Rede 224
Infinite Verbformen 41; 82–85; 195–223
Infinitiv 82; 195
Innerliche Abhängigkeit 192
Inselnamen 17,4.; 21,6.; 141; 146; 158
Interfix 71,4.
Interrogativpronomen 60
interrogo 139
intransitiv 135
invideo 129
invitus 169
ipse 57,2.
ire 97
is 50; 58
iter 26,9.
iubeo 196
iubeor 201
iucundus 223,2.

Iuppiter 26,9.
iuro 198
iuvo 136
K
Kardinalzahlen 65
Kasus 113–160
Komparation 42–45; 167
Komparativ 42; 45; 167,1.
Konditionales Satzgefüge 188, Anm.
189, Anm.
Konjugation 69–97
Konjunktionen 194
Konjunktiv 186–193
in Hauptsätzen 186–189
in Nebensätzen 190–193
Konsonant 4; 9
Konsonantenentfaltung 9, L25
Konsonantenschwund 9, L20–L24
Konsonantische Deklination 23,1.
Kontraktion 8, L12
Kopulatives Verb 103–106
Kürze 3, 230–231
L
Labial 4
laboro 157
laetus 169
Länge 3, 5, 230–231
lassen 175
Lautlehre 1–9
Lautwandel 7–9
legatus 170
liber 148
libero 148
Lippenlaut 4
Liquida 4
loca 21,4.
locus 158
Lokalbestimmung, Besonderheiten 17,4.;
21,6.; 31,2.; 141; 142; 146; 147; 158;
159; 161; 162
Lokativ 17,4.; 21,6.; 31,2.
M
magis 42,3.; 48
magnam partem 144
magnopere 48
maior 44
male 48

malle, malo 95
man 111
maneo 104,2.; 107
maxime 42,3.; 48
maximus 44
medeor 129
Mediales Passiv 176,2.
Medium 90,1.
medius 166; 169
melior 44
memento(te) 185
memini 122; 180,3.
Metrik 230–234
meus 53–54
mi = mihi 50, Anm. 1
   = Vokativ 54,1.
milia 67; 68,1.
mille 68,1.
minimus, minor 44
minuor 176,2.
miser 169
Modus 184–193
Modussuffixe 78–79
moneo 139; 199
Morphem 10–12
Morphemvariante 10
Morphologie 10
moveor 176,2.
multum 48
Muta 4
Muta cum liquida 6; 230,1.
mutor 176,2.

N
Nachzeitigkeit ↗ Zeitverhältnis
Nasal 4
Nasenlaut 4
Naturlänge 5
natus 143; 146
N.c.I. 201
nd-Formen 84; 216–222
ne 192,2.; 193,2.; 199,1.
Nebensatz
   Tempus 181–183
   im Konjunktiv 190–193
nefas est 223,2.
nemo 64
neuter 38

Neutra 14,2
Neutrum Plural von substantivierten Adj.
   und Pron. 164
nihil 64; 115
nisi 188, Anm.; 189, Anm.
noli(te) 95, Anm. 1
nolo, nolle 95
Nomen 14–68; 113–174
Nominativ 113
Nominativ mit Infinitiv 201
Nomino 104,3.
noster 53–54
nostrī, nostrum 51,2
novi 180,3.
novissimus 166
Nullmorphem 12
nullus 38
Numerale 65–68
numero 159
nuntio 142

O
Objekt 122–123; 129–132; 135–138; 153
obliviscor 122
obsto 129
o-Deklination 21,1.
odi 180,3.
optimus 44
opus est 153
Ordinalzahlen 65
Ordnungszahlen 65; 68,2.
oro 139
Ortsangabe ↗ Lokalbestimmung
Ortsnamen 17,4.; 21,6.; 141; 146; 158
ortus 146

P
paene 184,2.
parco 129
particeps 120
Participium coniunctum 208–209; 212
Partizip 41; 83; 121; 202–206
Partizipialkonstruktion 207–215
Passiv 80–83; 176
peior 44
pello 148
pendeo 147
Pentameter 234
Perfekt 180–182

Perfekt-Aktiv-Stamm 73–74; 79; 88
Perfekt-Passiv-Gruppe 69; 76; 80; 89
Perfekt-Passiv-Stamm 75–76
Perfektstammform, unregelmäßige 77,
Beachte 1.; 235
peritus 120
Personalendung 81; 110,2.
Personalpronomen 50–51
persuadeo 129; 137; 199
pessimus 44
plenus 120
plures, plurimi, plurimum, plus 44
Plusquamperfekt 180,3.; 181
pono 159
posco 139
Positionslänge 5; 230,4.
posse 93; 184,1.
Possessivpronomen 53–54; 173
possum 93; 184,1.
postquam 182
postremus 169
potior 153
praebere, se 104,3.
Prädikat 102–109
prädikative Apposition ⎫ 113,4.;
prädikatives Attribut ⎭ 168–170
Prädikativum 168–170; 207–215
Prädikatsnomen 103–106; 109
Präfix 12; 99
Präsens 177; 183
Präsensstamm 70–72; 78; 86–87
praesidio sum 133
praesto 112; me 104,3.
praetereo 136
primo 48
primum 48
primus 169
prodesse 93
prohibeo 148
promitto 198
Pronomen 49–64; 109; 164; 171–174
Pronominaladjektive 38
prope 184,2.
proprius 119
prosum 93
puto 104,3.; 105
putor 201

Q
qui 59,1.; 60,2.; 61,2.
quicumque 59,2.
quid 60,1.; 61,1.; 144
quidam 62–63
quin 192,2.
quis 60,1.
quisquam 62–63
quisque 62–63
quisquis 59,2.
R
raro 48
Reduplikation 73,3.
Reflexivpronomen 52; 172
Reibelaut 4
Relativer Anschluß 174,2.
Relativpronomen 59; 149; 174
Relativsatz im Konjunktiv 193,4.
reminiscor 122
Rhotazismus 9, L 14
S
sacer 119
saepissime, saepius 48
Satzkern 102
Satzlehre 102–229
Schrift 1
scito(te) 185
scribo 159
Semideponens 91,2.
Senar 232
senex 170
sequor 136
si 181; 188, Anm.; 189, Anm.
Silbe 5–6
similis 119
sobald 181; 182
solus 38
spero 198
Spirant 4
Städtenamen 17,4; 21,6; 141; 146; 158
Stamm 13; 70–77
Stammformen 77; 235
Steigerung ↗ Komparation
studeo 129; 137
subito 48
Subjekt 102; 110–112
Substantiv 15–35; 163; 168; 170

Suffix 12; 100
sum 92; 104,1.; 106–108; 124–127; 132;
    133; 151,2.; 205; 216–217
summus 166
superior 169
Superlativ 42; 45; 167,2.
Supinum 85; 223
suus 53–55

T
Tempus
    in Hauptsätzen 177–180
    in Nebensätzen 181–183
Tempusstämme 70–77
Tempussuffixe 78–79
terra marique 158
timeo 131
totus 38; 158
traditur 201
trado 222
traduco 140
traicio 140
transitiv 135
transporto 140
tres 67
tristis 169
tu 50
tuto 48
tuus 53–54

U
Übergangslaut 9, L 25
Übersetzen, zusammenfassende
    Hinweise 225–229
ubi „sobald" 181; 182
u-Deklination 31,2.
ullus 38
ultimus 169
unregelmäßige Verben 92–97
unus 38; 67
usui sum 133
ut 192,2.; 193,1.2.; 199,1.
uter 38
uterque 38

utor 153

V
vacuus 148
velle 95
Verb 69–97; 175–223
Verben des Fürchtens 193,2.
Verben des Hinderns 193,2.
Verbindungsverb 103–106
Verbot 95, Anm. 1; 187,2.
Verschlußlaut 4
Verse 230–234
Versfuß 231,1.
Verteilungszahl 66; 68,3.; 68,4.
vester 53–54
vestrī, vestrum 51,2
veto 196
vetor 201
videor 104,2.; 201
voco 104,2.
Vokal 3; 8
Vokaldehnung 8, L 10–L 11
Vokalentfaltung 8, L 13
Vokalkontraktion 8, L 12
Vokalkürzung 8, L 7–L 9
Vokalschwächung 8, L 3–L 5
Vokativ 14,4.
volo 95
Vorzeitigkeit ↗ Zeitverhältnis

W
Wortbildungslehre 98–101
Wurzel(morphem) 11

Z
Zahladverb 66; 68,4.
Zahlwort 65–68
Zahlzeichen 65
Zahnlaut 4
Zeitverhältnis 181; 190–191; 197–198; 207
Zusammenrückung 101,1.
Zusammensetzung 101
Zustandspassiv 176,3.4.
Zwecksatz 192,2.
Zwischenvokal 71,4.

Kurze lateinische Sprachlehre

Dieses Werk ist in allen seinen Teilen urheberrechtlich geschützt. Jegliche Verwendung außerhalb der engen Grenzen des Urheberrechts ist ohne schriftliche Zustimmung des Verlages unzulässig. Dies gilt insbesondere für Vervielfältigungen, Mikroverfilmungen, Einspeicherung und Verarbeitung in elektronischen Medien sowie Übersetzungen.

ISBN 3-06-561062-0

1. Auflage
© Volk und Wissen Verlag GmbH, Berlin 1991
Printed in Germany
Satz: Druckhaus Friedrichshain, Berlin
Druck und Binden: Chemnitzer Verlag und Druck GmbH, Werk Zwickau
Redaktion: Peter Witzmann
Einband und typographische Gestaltung: Horst Albrecht
LSV 0681